저자_ 서지위(徐志伟)
- 山东理工大学 졸업
- 산동 대중일보 기자 역임
- 건국대학교 신기술융합학과 대학원 졸업
- 2007년 국제대학생 토론회 한국 대표팀 코치
- 동영상 원어민 강의 및 교재심사 및 편집
- 前 LIG ADP 근무
- 現 미지인터내셔널 고문

저자_ 장현애
- 일본학과 졸업
- 前 シンデンハイテックスコリア근무
- 어린이 일러스트 연구회 회원
- 2012년 〈동화되다展〉 외 다수 전시회 참가
- 現 미지인터내셔널 대표

감수_ 와타리 카오리(渡 香織)
- 일본 돗토리현 요나고시 출신
- 고려대학교 국어국문학과 졸업

가장 알기쉽게 배우는
바로바로 일본어 독학 단어장

저 자 서지위, 장현애
발행인 고본화
발 행 탑메이드북
교재 제작·공급처 반석출판사
2026년 1월 10일 초판 17쇄 인쇄
2026년 1월 15일 초판 17쇄 발행
반석출판사 | www.bansok.co.kr
이메일 | bansok@bansok.co.kr
블로그 | blog.naver.com/bansokbooks

07547 서울시 강서구 양천로 583. B동 1007호
(서울시 강서구 염창동 240-21번지 우림블루나인 비즈니스센터 B동 1007호)
대표전화 02) 2093-3399 **팩 스** 02) 2093-3393
출 판 부 02) 2093-3395 **영업부** 02) 2093-3396
등록번호 제315-2008-000033호

Copyright ⓒ 서지위, 장현애

ISBN 978-89-7172-836-9 (13730)

- 본 책은 반석출판사에서 제작, 배포하고 있습니다.
- 교재 관련 문의 : bansok@bansok.co.kr을 이용해 주시기 바랍니다.
- 이 책에 게재된 내용의 일부 또는 전체를 무단으로 복제 및 발췌하는 것을 금합니다.
- 파본 및 잘못된 제품은 구입처에서 교환해 드립니다.

탑메이드북

머리말

　일본어 공부는 왕도가 없다. 일본어를 정복하고자 하는 굳은 의지와 노력이 가장 중요하다. 다른 외국어 공부도 그러하겠지만 특히 일본어 학습은 단어와의 싸움이다. 많은 단어를 인내심을 가지고 내 것으로 만드는 습관이 무척 중요하다.

　일본에서 공부하던 시절 많은 단어를 수첩에 적어놓고 반복해서 읽고 말하고 현지인과 소통하면서 내 머릿속에 차곡차곡 쌓았다. 그러던 차에, '이런 반복되는 언어 학습을 좀 더 재미있게 할 수는 없을까?' 하는 생각을 갖게 되었다. 그러다가 단어장의 단어에 그림들을 그렸고 잘 외워지지 않는 단어들을 기숙사에서 가장 잘 보이는 곳에 그림과 함께 단어 발음을 적어 붙여놓으면서 단어들을 익혀나갔다. 단순히 글로 익히는 것보다 훨씬 더 머릿속에 오래 남았다.

　단어를 이미지화시켜 암기하는 방식이 단순히 글을 통해 암기하는 것보다 효과가 훨씬 크다는 것은 이미 여러 연구 자료를 통해 알려진 사실이다. 어떤 연구에 따르면 그림으로 외국어를 공부하는 것이 글로만 공부하는 것보다 10배나 효과적이라고 한다.

　이런 전문적인 조사가 아니라고 해도 실제로 필자에게도 큰 효과가 있었다. 글만 나열되어 있는 단어장보다는 그림이 있는 단어장이 훨씬 덜 지루하고 재미가 있었다. 그래서 필자는 이미지를 통해 학습하는 일본어 책을 다수 저술하였고, 주위에 많은 분들이 보고 쉽고 재미있게 학습했다는 평을 많이 해주어 매우 만족스러웠다.

앞에서 얘기했듯이 일본어 학습은 반복에 반복을 거듭하여 자신의 것으로 만드는 것이다. 그래서 많은 인내심을 필요로 한다. 일본어를 필요로 하는 많은 독자들이 이 책과 함께 지치지 않고 재미있게 자신만의 방식을 찾아서 학습해나가기를 진심으로 바란다.

이웃나라 일본은 하루에 비즈니스 업무를 처리하고 돌아올 수 있는 아주 가까운 나라이자, 경제·문화적 교류 또한 매우 활발한 나라이기도 하다. 사정이 이렇다 보니, 직간접적으로 일본어를 필요로 하는 사람이 많아질 수밖에 없다. 이 책은 이미 오래 전부터 관심을 가져온 젊은층의 독자뿐 아니라 중장년층에게도 좀 더 쉽고 재미있게 단어를 익힐 수 있게 해 줄 것이다.

서지위, 장현애 저

목차

들어가기: 기본 회화표현 * 10

Part 1 일상생활 단어

Chapter 01. 개인소개 * 22
Unit 01 성별, 노소 * 22
Unit 02 가족 * 23
Unit 03 삶(인생) * 29
Unit 04 직업 * 31
Unit 05 별자리 * 35
Unit 06 혈액형 * 36
Unit 07 띠 * 37
Unit 08 성격 * 38
Unit 09 종교 * 42

Chapter 02. 신체 * 44
Unit 01 신체명 * 44
Unit 02 병명 * 48
Unit 03 약명 * 52
Unit 04 생리현상 * 55

Chapter 03. 감정, 행동 표현 * 56
Unit 01 감정 * 56
Unit 02 칭찬 * 59
Unit 03 행동 * 60
Unit 04 인사 * 65
Unit 05 축하 * 67

Chapter 04. 교육 * 68
Unit 01 학교 * 68
Unit 02 학교 시설 * 70
Unit 03 교과목 * 72
Unit 04 학용품 * 77

Unit 05 부호 * 79
Unit 06 도형 * 81
Unit 07 숫자 * 83
Unit 08 수사 * 85

Chapter 05. 계절/월/요일 * 86
Unit 01 계절 * 86
Unit 02 요일 * 87
Unit 03 월 * 88
Unit 04 일 * 89
Unit 05 시간 * 92

Chapter 06. 자연과 우주 * 94
Unit 01 날씨 표현 * 94
Unit 02 날씨 관련 * 96
Unit 03 우주 환경과 오염 * 99
Unit 04 동식물 * 102

Chapter 07. 주거 관련 * 112
Unit 01 집의 종류 * 112
Unit 02 집의 부속물 * 114
Unit 03 거실용품 * 116
Unit 04 침실용품 * 118
Unit 05 주방 * 120
Unit 06 주방용품 * 122
Unit 07 욕실용품 * 124

Chapter 08. 음식 * 126
Unit 01 과일 * 126
Unit 02 채소, 뿌리식물 * 129
Unit 03 수산물, 해조류 * 132
Unit 04 육류 * 134
Unit 05 음료수 * 135
Unit 06 가공식품 및 요리재료 * 137

Unit 07 한일 대표요리 * 139
Unit 08 요리방식 * 143
Unit 09 패스트푸드점 * 145
Unit 10 주류 * 146
Unit 11 맛 표현 * 149

Chapter 09. 쇼핑 * 152
Unit 01 쇼핑 물건 * 152
Unit 02 색상 * 159
Unit 03 구매 표현 * 162

Chapter 10. 도시 * 166
Unit 01 자연물 * 166
Unit 02 도시 건축물 * 169

Chapter 11. 스포츠, 여가 * 172
Unit 01 스포츠 * 172
Unit 02 오락, 취미 * 177
Unit 03 악기 * 179
Unit 04 여가 * 181
Unit 05 영화 * 182

Part 2 여행 단어

Chapter 01. 공항에서 * 186
Unit 01 공항 * 186
Unit 02 기내 탑승 * 189
Unit 03 기내 서비스 * 192

Chapter 02. 입국심사 * 194
Unit 01 입국 목적 * 194
Unit 02 거주지 * 195

Chapter 03. 숙소 * 196
Unit 01 예약 * 196
Unit 02 호텔 * 198
Unit 03 숙소 종류 * 199
Unit 04 룸서비스 * 200

Chapter 04. 교통 * 202
Unit 01 탈 것 * 202
Unit 02 자동차 명칭 / 자전거 명칭 * 204
Unit 03 교통 표지판 * 207
Unit 04 방향 * 208
Unit 05 거리 풍경 * 210

Chapter 05. 관광 * 212
Unit 01 일본 대표 관광지 * 212
Unit 02 일본 볼거리
　　　　(예술, 공연 및 축제) * 216
Unit 03 나라 이름 * 217
Unit 04 세계 도시 * 224

Part 3 비즈니스 단어

Chapter 01. 경제 * 228

Chapter 02. 회사 * 232
Unit 01 직급, 지위 * 232
Unit 02 부서 * 234
Unit 03 근무시설 및 사무용품 * 235
Unit 04 근로 * 238

Chapter 03. 증권, 보험 * 240

Chapter 04. 무역 * 242

Chapter 05. 은행 * 244

컴팩트 단어장

Part 01. 일상생활 단어 * 248
Part 02. 여행 단어 * 293
Part 03. 비즈니스 단어 * 302

이 책의 특징

모든 언어 공부의 기본은 단어입니다. 말을 하고 글을 읽을 수 있으려면 단어를 알아야 하지요. 이 책은 일상생활, 여행, 비즈니스 등 주제별로 단어가 분류되어 있어 자신이 필요한 부분의 단어를 쉽게 찾아 공부할 수 있습니다.

또한 단순히 단어를 나열하기만 한 것이 아니라, 단어 옆에 이미지들을 함께 배치해 단어 공부를 더 효과적이고 즐겁게 할 수 있도록 구성하였습니다. 주요 단어와 관련되는 단어들도 수록했고, 이들 단어를 활용해 실생활에서 사용할 수 있는 대화 표현들이 함께 실려 있습니다.

또한 초보자도 쉽게 따라 읽으며 학습할 수 있도록 일본어 발음을 원음에 가깝게 한글로 표기하였고, 원어민의 정확한 발음이 실린 mp3 파일을 반석출판사 홈페이지(www.bansok.co.kr)에서 무료로 제공합니다. 이 음원은 한국어 뜻도 함께 녹음되어 있어 음원을 들으며 단어 공부하기에 아주 좋습니다.

Part 1 일상생활 단어
성별, 가족관계, 직업 등 개인의 신상에 대한 표현부터 의식주, 여가 활동 등에 대한 표현까지 우리가 일상생활에서 흔히 쓰는 단어들을 정리하였습니다.

Part 2 여행 단어
여행의 순서에 따라 단계별로 단어를 정리하였으며 일본의 대표적인 관광지도 함께 실었습니다.

Part 3 비즈니스 단어
경제, 증권 등 비즈니스 분야의 전문 용어들을 수록하였습니다.

컴팩트 단어장
본문에 수록된 단어들을 우리말 뜻, 일본어, 한글 발음만 표기하여 한 번 더 실었습니다. 그림과 함께 재미있게 익힌 단어들을 컴팩트 단어장으로 복습해 보세요.

이 책의 활용 방법

1. 주제별로 단어를 분류하였으며 일본어 단어를 이미지와 함께 효과적이고 재미있게 공부할 수 있도록 꾸몄습니다.

2. 일본어 원음에 가까운 한국어 발음을 병기하여 초보자들도 좀 더 가볍게 접근할 수 있도록 구성하였습니다.

3. 한국어 뜻과 일본어 단어가 모두 녹음된 mp3 파일이 제공됩니다.

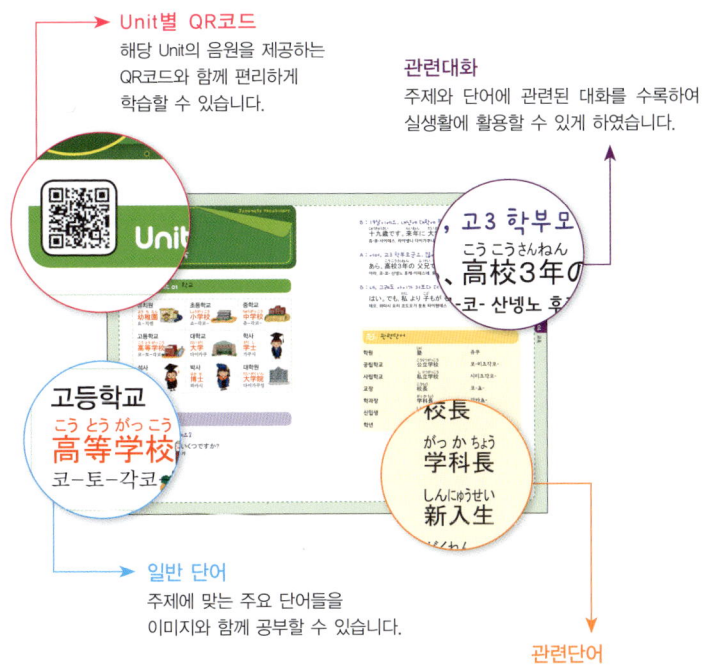

▶ **Unit별 QR코드**
해당 Unit의 음원을 제공하는 QR코드와 함께 편리하게 학습할 수 있습니다.

관련대화
주제와 단어에 관련된 대화를 수록하여 실생활에 활용할 수 있게 하였습니다.

▶ **일반 단어**
주제에 맞는 주요 단어들을 이미지와 함께 공부할 수 있습니다.

관련단어
위에서 다루지 못한 단어들을 정리하여 추가로 수록하였습니다.

들어가기 01 일상적인 만남의 인사

안녕하세요.(아침)	おはよう ございます。 오하요- 고자이마스
안녕하세요.(낮)	こんにちは。 곤니찌와
안녕하세요.(밤)	こんばんは。 곰방와
날씨가 좋네요.	いい 天気ですね。 이- 뎅끼데스네
잘 지내십니까?	お元気ですか。 오겡끼데스까
덕분에 잘 지냅니다. 당신은요?	おかげさまで 元気です。 あなたの ほうは? 오까게사마데 겡끼데스 아나따노 호-와
별일 없으세요?	お変りありませんか。 오까와리 아리마센까
기분은 어떠세요?	気分は どうですか。 기붕와 도-데스까
오랜만이군요.	おひさしぶりですね。 오히사시 부리데스네
다시 만나서 반갑습니다.	また お会できて うれしいですね。 마따 오아이데끼떼 우레시-데스네

기본 회화 표현

여전하군요	相変わらずですね。 아이까와라즈데스네
뵙고 싶었습니다.	お会いしたかったんです。 오아이시타깟딴데스
별고 없으셨습니까?	お変りありませんでしたか。 오까와리 아리마센데시따까
세월 참 빠르네요.	歳月は 速いもんですね。 사이게쯔와 하야이몬데스네
오랫동안 소식을 못 드렸습니다.	ごぶさたしました。 고부사따시마시따
가족들은 잘 지내십니까?	ご家族の 皆さんは 元気ですか。 고카조꾸노 미나상와 겡끼데스까
모두 잘 지냅니다.	みんな 元気です。 민나 겡끼데스
부모님은 잘 지내십니까?	ご両親は お元気ですか。 고료-싱와 오겡끼데스까
요즘 어떻게 지내십니까?	この頃 どう 過されていますか。 고노고로 도- 스고사레떼 이마스까
그는 요즘 어떻게 지내니?	彼は このごろ どうしているの? 가레와 고노고로 도-시떼 이루노

02 헤어질 때의 인사

안녕히 가세요.	さようなら。 사요-나라
안녕히 가세요.	ごきげんよう。 고끼겡요-
언제 가까운 시일에 또 만납시다.	いずれ 近いうちに また 会ましょう。 이즈레 치까이 우찌니 마따 아이마쇼-
그럼, 또 내일 봐요.	では、また あした。 데와 마따 아시따
이제 가야겠습니다.	もう おいとまいたします。 모- 오이또마 이따시마스
가야겠어요.	行かなくちゃならないので。 이까나꾸쨔 나라나이노데
늦었어요.	遅くなってきたよ。 오소꾸낫떼 기따요
이제 실례해야겠어요.	そろそろ 失礼しなくては。 소로소로 시쯔레- 시나꾸떼와
만나서 반가웠습니다.	お会いできて うれしかったです。 오아이데끼떼 우레시깟따데스
즐거웠습니다.	楽しかったです。 다노시깟따데스
저녁을 잘 먹었습니다.	夕食を ごちそうさまでした。 유-쇼꾸오 고찌소-사마데시따

기본 회화 표현

초대해 줘서 고마워요. 정말 즐거웠습니다.	ご招待 ありがとう。すっかり 楽しんでしまいました。 고쇼−따이 아리가또− 슥까리 다노신데 시마이마시따
즐거운 주말을 보내십시오.	楽しい 週末を お過ごしください。 다노시− 슈−마쯔오 오스고시구다사이
그럼 조심해서 가세요.	では、気を つけて。 데와 기오 쯔께떼
좀더 계시다 가세요.	もう ちょっと いいじゃないですか。 모− 춋또 이−쟈 나이데스까
또 오세요.	また 来てくださいね。 마따 기떼 구다사이네
즐겁게 다녀와.	楽しんでらっしゃい。 다노신데 랏샤이
좋은 여행이 되기를!	よい旅を。 요이 다비오
여러분께 안부 전해 주세요.	皆さまに よろしく。 미나사마니 요로시꾸
가족 모두에게 부디 안부 전해 주십시오.	ご家族の方に ぐれぐれも よろしく お伝えください。 고가조꾸노 가따니 구레구레모 요로시꾸 오쓰따에 구다사이

03 고마움을 나타낼 때

고마워요	ありがとう。 아리가또-
네, 고마워요.	はい、どうも。 하이 도-모
고맙습니다.	ありがとう ございます。 아리가또- 고자이마스
정말로 고맙습니다.	本当に ありがとう ございます。 혼또-니 아리가또- 고자이마스
아무튼 고마워요.	何はともあれ、ありがとう。 나니와 또모아레 아리가또-
이거 무척 고마워요.	これは どうも ありがとう。 고레와 도-모 아리가또-
여러모로 신세를 많이 졌습니다.	いろいろ お世話になりました。 이로이로 오세와니 나리마시따
수고를 끼쳐드렸습니다.	ご面倒を おかけしました。 고멘도-오 오까께시마시따
호의에 감사드려요.	ご好意 ありがとう。 고코-이 아리가또-
친절에 대해 줘서 고마워요.	ご親切に どうも。 고신세쯔니 도-모
친절하게 대해 줘서 많은 도움이 되었습니다.	ご親切に、たいへん 助かりました。 고신세쯔니 다이헨 다스까리마시따

기본 회화 표현

몸 둘 바를 모르겠어요!	なんと ご親切に! 난또 고신세쯔니!
당신 덕택에 도움이 되었습니다.	あなたの おかげで 助かりました。 아나따노 오까게데 다스까리마시따
칭찬해 주셔서 고마워요.	誉めていただいて、どうも。 호메떼 이따다이떼 도-모
마중을 나와 주셔서 정말로 고맙습니다.	お出迎えいただいて 本当に ありがとうございます。 오데무까에 이따다이떼 혼또-니 아리가또- 고자이마스
그렇게 말해 줘서 고마워요.	そう 言ってくれて ありがとう。 소- 잇떼 구레떼 아리가또-
선물 무척 고마워요.	プレゼントを どうも ありがとう。 푸레젠또오 도-모 아리가또-
친절을 베풀어 주셔서 정말 감사하고 있습니다.	ご親切につに、本当に 感謝しております。 고신세쯔니 혼또-니 칸샤시떼 오리마스
저희 회사에 방문해 주셔서 깊은 감사를 드립니다.	ご来社くださり 厚く お礼を 申し上げます。 고라이샤 구다사리 아쯔꾸 오레-오 모-시아게마스
뭐라 감사의 말씀을 드려야 좋을지 모르겠습니다.	何と 御礼を 申したら いいのか わかりません。 난또 오레-오 모-시따라 이-노까 와까리마셍

04 사죄·사과를 할 때

실례합니다만, 일본 분입니까?	失礼ですが、日本の 方ですか。 시쯔레-데스가 니혼노 가따데스까
성함을 여쭤도 되겠습니까?	お名前を うかがって よろしいですか。 오나마에오 우까갓떼 요로시-데스까
잠깐 실례합니다. 지나가도 될까요?	ちょっと すみません。通り抜けても いいでしょうか。 춋또 스미마셍 도-리누께떼모 이-데쇼-까
잠깐 실례하겠습니다. 곧 돌아오겠습니다.	ちょっと 失礼します。すぐ 戻ります。 춋또 시쯔레-시마스 스구 모도리마스
미안해요.	ごめんなさい。 고멘나사이
미안합니다.	すみません。 스미마셍
너무 죄송했습니다.	どうも すみませんでした。 도-모 스미마셍데시따
제가 잘못했습니다.	私が いけなかったんです。 와따시가 이께나깟딴데스
그럴 생각이 아니었어요.	そんな つもりじゃなかったんです。 손나 쯔모리쟈 나깟딴데스
뭐라고 사죄를 드려야 좋을지 모르겠습니다.	何と お詫びして よいか わかりません。 난또 오와비시떼 요이까 와까리마셍

기본 회화 표현

죄송합니다.	申し訳ありません。 모-시 와께 아리마셍
늦어서 미안합니다.	遅くなって すみません。 오소꾸낫떼 스미마셍
폐를 끼쳐 드려서 죄송합니다.	ご迷惑を おかけして 申し訳ありません。 고메-와꾸오 오까께시떼 모-시와께 아리마셍
이렇게 되고 말아 죄송합니다.	こんな ことに なってしまって ごめんなさい。 곤나 고또니 낫떼 시맛떼 고멘나사이
기다리게 해서 죄송했습니다.	お待たせして すみませんでした。 오마따세시떼 스미마센데시따
약속을 지키지 못해서 죄송합니다.	約束を 守らなくて すみません。 약소꾸오 마모라나꾸떼 스미마셍
비위에 거슬렸다면 미안해요.	お気にさわったら ごめんなさい。 오끼니 사왓따라 고멘나사이
지나쳤다면 죄송해요.	行き過ぎてたら ごめんなさい。 유끼스기떼따라 고멘나사이
미안해요. 부주의였습니다.	すみません。不注意でした。 스미마셍 후쮸-이데시따
정말로 미안합니다. 깜빡했습니다.	本当に すみません。 うっかりしました。 혼또-니 스미마셍 욱까리 시마시따

05 축하와 환영을 할 때

축하해요.	おめでとう。 오메데토-
축하합니다.	おめでとう ございます。 오메데토- 고자이마스
생일 축하해.	誕生日おめでとう。 탄죠-비 오메데토-
졸업, 축하해.	ご卒業おめでとう。 고소쯔교- 오메데토-
승진을 축하드립니다.	ご昇進 おめでとう ございます。 고쇼-싱 오메데토- 고자이마스
합격을 축하해요.	合格 おめでとう。 고-까꾸 오메데토-
출산을 진심으로 축하드립니다.	ご誕生を 心から お祝い致します。 고탄죠-오 고꼬로까라 오이와이 이따시마스
결혼을 축하드립니다.	ご結婚 おめでとう ございます。 고켓꽁 오메데토- 고자이마스
축하해요. 다행이네요.	おめでとう。良かったですね。 오메데토- 요깟따데스네
축하해요. 선물입니다.	おめでとう。プレゼントです。 오메데토- 푸레젠토데스

기본 회화 표현

다행이군요. 행복을 빌게요.	よかったですね。しあわせを 祈ります。 요깟따데스네 시아와세오 이노리마스
부디 행복하세요.	どうぞ お幸せに。 도-조 오시아와세니
새해 복 많이 받아요.	新しん年ねん おめでとう。 신넹 오메데또-
새해 복 많이 받아요.	あけまして おめでとう ございます。 아께마시떼 오메데또- 고자이마스
메리 크리스마스!	メリー クリスマス! 메리- 쿠리스마스!
어머니날, 축하해요.	母の日、おめでとう。 하하노 히 오메데또-
결혼기념일 축하해요.	結婚記念日 おめでとう。 겟꼰 기넴비 오메데또-
참으로 잘 와 주셨습니다.	ようこそ おいでくださいました。 요-꼬소 오이데 구다사이마시따
한국에 잘 오셨습니다.	ようこそ 韓国へ。 요-꼬소 캉꼬꾸에
입사를 환영합니다.	入社を 歓迎します。 뉴-샤오 캉게-시마스

Part 1

일상생활 단어

Chapter 01. 개인소개
Chapter 02. 신체
Chapter 03. 감정, 행동 표현
Chapter 04. 교육
Chapter 05. 계절/월/요일
Chapter 06. 자연과 우주
Chapter 07. 주거 관련
Chapter 08. 음식
Chapter 09. 쇼핑
Chapter 10. 도시
Chapter 11. 스포츠, 여가

Chapter 01 개인소개

Unit 01 성별, 노소

여자 おんな 女 온나 	남자 おとこ 男 오토꼬 	노인 ろうじん 老人 로-징 
중년 ちゅうねん 中年 츄-넹	소년 しょうねん 少年 쇼-넹 	소녀 しょうじょ 少女 쇼-죠 
청소년 せいしょうねん 青少年 세이쇼-넹 	임산부 にんさんぷ 妊産婦 닝산푸 	
어린이 こども 子供 꼬도모	미취학아동 ようじ 幼児 요우지 	아기 あかご 赤子 아카고 

Unit 02 가족

친가

친할아버지
자기 가족을 남에게 말할 때
祖父(そふ)
소후

남의 가족을 부를때
おじいさん
오지-상

친할머니
자기 가족을 남에게 말할 때
祖母(そぼ)
소보

남의 가족을 부를때
おばあさん
오바-상

고모
자기 가족을 남에게 말할 때
父(ちち)の姉妹(しまい)
치치노 시마이

남의 가족을 부를때
おばさん
오바상

고모부
자기 가족을 남에게 말할 때
父(ちち)の姉妹(しまい)の夫(おっと)
치치노 시마이노 옷토

남의 가족을 부를때
おじさん
오지상

삼촌
자기 가족을 남에게 말할 때
叔父(しゅくふ)
슈쿠후

남의 가족을 부를때
おじさん
오지상

숙모
자기 가족을 남에게 말할 때
叔父(しゅくふ)の妻(つま)
슈쿠후노 츠마

남의 가족을 부를때
おばさん
오바상

아버지(아빠)
자기 가족을 남에게 말할 때
<ruby>父<rt>ちち</rt></ruby>
치치

남의 가족을 부를때
<ruby>お父さん<rt>とう</rt></ruby>
오토-상

어머니(엄마)
자기 가족을 남에게 말할 때
<ruby>母<rt>はは</rt></ruby>
하하

남의 가족을 부를때
<ruby>お母さん<rt>かあ</rt></ruby>
오카-상

사촌남자형제
자기 가족을 남에게 말할 때
<ruby>従兄弟<rt>いとこ</rt></ruby>
이토꼬

남의 가족을 부를때
<ruby>お兄さん<rt>にい</rt></ruby>
오니-상

사촌여자형제
자기 가족을 남에게 말할 때
<ruby>従姉妹<rt>いとこ</rt></ruby>
이토꼬

남의 가족을 부를때
<ruby>お姉さん<rt>ねえ</rt></ruby>
오네-상

나
<ruby>私<rt>わたし</rt></ruby>
와타시

외가

외할아버지
자기 가족을 남에게 말할 때
<ruby>外祖父<rt>がいそふ</rt></ruby>
가이소후

남의 가족을 부를때
<ruby>お祖父さん<rt>じい</rt></ruby>
오지-상

외할머니
자기 가족을 남에게 말할 때
<ruby>外祖母<rt>がいそぼ</rt></ruby>
가이소보

남의 가족을 부를때
<ruby>お婆さん<rt>ばあ</rt></ruby>
오바-상

외삼촌 자기 가족을 남에게 말할 때 しゅくふ 叔父 슈쿠후 남의 가족을 부를때 おじさん 오지상 	**외숙모** 자기 가족을 남에게 말할 때 しゅくぼ 叔母 슈쿠보 남의 가족을 부를때 おばさん 오바상 
이모 자기 가족을 남에게 말할 때 はは しまい 母の姉妹 하하노시마이 남의 가족을 부를때 おばさん 오바상 	**이모부** 자기 가족을 남에게 말할 때 はは しまい おっと 母の姉妹の夫 하하노시마이노옷토 남의 가족을 부를때 おじさん 오지상 
어머니(엄마) 자기 가족을 남에게 말할 때 はは 母 하하 남의 가족을 부를때 かあ お母さん 오카-상 	**아버지(아빠)** 자기 가족을 남에게 말할 때 ちち 父 치치 남의 가족을 부를때 とう お父さん 오토-상 
외사촌 남자형제 자기 가족을 남에게 말할 때 いとこ 従兄弟 이토꼬 남의 가족을 부를때 にい お兄さん 오니-상 	**외사촌 여자형제** 자기 가족을 남에게 말할 때 いとこ 従姉妹 이토꼬 남의 가족을 부를때 ねえ お姉さん 오네-상 

직계

아버지(아빠)
자기 가족을 남에게 말할 때
<ruby>父<rt>ちち</rt></ruby>
치치

남의 가족을 부를때
<ruby>お父さん<rt>とう</rt></ruby>
오토-상

어머니(엄마)
자기 가족을 남에게 말할 때
<ruby>母<rt>はは</rt></ruby>
하하

남의 가족을 부를때
<ruby>お母さん<rt>かあ</rt></ruby>
오카-상

언니/누나
자기 가족을 남에게 말할 때
<ruby>姉<rt>あね</rt></ruby>
아네

남의 가족을 부를때
<ruby>お姉さん<rt>ねえ</rt></ruby>
오네-상

형부/매형(매부)
<ruby>義理の兄<rt>ぎり あに</rt></ruby>
기리노아니

오빠/형
자기 가족을 남에게 말할 때
<ruby>兄<rt>あに</rt></ruby>
아니

남의 가족을 부를때
<ruby>お兄さん<rt>にい</rt></ruby>
오니-상

새언니/형수
<ruby>義理の姉<rt>ぎり あね</rt></ruby>
기리노아네

남동생 자기 가족을 남에게 말할 때 弟 오토-토 남의 가족을 부를때 弟さん 오토-토상 	**제수/올케** 義理の妹 기리노이모-토 
여동생 자기 가족을 남에게 말할 때 妹 이모-토 남의 가족을 부를때 妹さん 이모-토상 	**제부/매제** 義理の弟 기리노오토-토 
나(부인) 私/婦人 와타시/후징 자기 가족을 남에게 말할 때 	**남편** 자기 가족을 남에게 말할 때 主 옷토 남의 가족을 부를때 ご主人 고슈징 
여자조카 姪 메이 	**남자조카** 甥 오이 
아들 息子 무스코 	**며느리** 嫁 요메 

딸 むすめ 娘 무스메		사위 むこ 婿 무코	
손자 まご 孫 마고		손녀 まごむすめ 孫娘 마고무스메	

관련단어

외동딸	ひとりむすめ 一人娘	히토리무스메
외동아들	ひとりむすこ 一人息子	히토리무스코
결혼하다	けっこん 結婚する	겟콘스루
이혼하다	りこん 離婚する	리콘스루
신부	しんぷ 新婦	신뿌
신랑	しんろう 新郎	신로우
면사포	ベール	베-루
약혼	こんやく 婚約	콘야쿠
독신주의자	どくしんしゅぎしゃ 独身主義者	도쿠신슈기샤
과부	やもめ 寡	야모메
기념일	きねんび 記念日	키넹비
친척	しんるい 親類	신루이

Unit 03 삶(인생)

태어나다 うま 生れる 우마레루 		**백일** ひゃくにち 百日 햐쿠니치 
돌잔치 いっさい たんじょうび 一歳の誕生日 いわ のお祝い 잇사이노탄조비노오이와이		**유년시절** ようしょうじだい 幼少時代 요-쇼-지다이 
학창시절 がくせいじだい 学生時代 각세이지다이 		**첫눈에 반하다** ひとめ 一目ぼれする 히토메보레스루 
삼각관계 さんかくかんけい 三角関係 산카쿠칸케- 		**이상형** りそう 理想のタイプ 리소-노타이프 

사귀다 つ あ 付き合う 츠키아우 	**애인** こいびと 恋人 코이비토 	**여자친구** かのじょ 彼女 카노죠 
남자친구 かれし 彼氏 카레시 	**이별** わか 別れ 와카레 	**재회** さいかい 再会 사이카이 
청혼 きゅうこん 求婚 큐-콘 	**약혼하다** こんやく 婚約する 콘야쿠스루 	**결혼** けっこん 結婚 켁콘 

신혼여행 しんこんりょこう 新婚旅行 신콘료코우 	임신 にんしん 妊娠 닝신 	
출산 しゅっさん 出産 슛산 	득남 おとこ こ たんじょう 男の子誕生 오토꼬노코탄죠우 	득녀 おんな こ たんじょう 女の子 誕生 온나노코 탄죠우 
육아 いく じ 育児 이쿠지 	학부모 ふ けい 父兄 후케이 	
중년 ちゅうねん 中年 츄넹 	노년 ろうねん 老年 로-넹 	
유언 ゆいごん 遺言 유이콘 	사망 し ぼう 死亡 시보우 	
장례식 そうしき 葬式 소-시키	천국에 가다 てんごく い 天国に 逝く 뎅고쿠니 이쿠	

관련단어

홀아비	おとこ 男やもめ	오토코야모메
젊다	わか 若い	와카이
늙다	ふ 老ける	후케루
기일	めいにち 命日	메이니치

Unit 04 직업

간호사 かんごし 看護師 칸고시 	약사 やくざいし 薬剤師 야쿠자이시 	의사 いしゃ 医者 이샤

| 가이드 ガイド 가이도  | 선생님/교사 せんせい/きょうし 先生/ 教師 센세이 / 쿄-시  ||

| 교수 きょうじゅ 教授 쿄-쥬  | 가수 かしゅ 歌手 카슈 | 음악가 おんがくか 音楽家 온가쿠카  |

| 화가 がか 画家 가카  | 소방관 しょうぼうかん 消防官 쇼우보우칸  | 경찰관 けいさつかん 警察官 케이사츠칸  |

| 공무원 こうむいん 公務員 코-무인  | 요리사 りょうりにん 料理人 (コック) 료-리닌(콧쿠)   | 디자이너 デザイナー 데자이나- |

| 승무원 きゃくしつじょうむいん 客室乗務員 캬쿠시츠죠-무잉   | 판사 はんじ 判事 한지  ||

검사 けんじ 検事 켄지		변호사 べんごし 弁護士 벤고시	
사업가 じぎょうか 事業家 지교우카		회사원 かいしゃいん 会社員 카이샤잉	
학생 がくせい 学生 각세-		운전기사 うんてんしゅ 運転手 운텡슈	
남자농부 のうふ 農夫 노-후 여자농부 のうふ 農婦 노-후		가정주부 かていしゅふ 家庭の主婦 카테이노슈후	
작가 さっか 作家 삿카		정치가 せいじか 政治家 세이지카	

세일즈맨 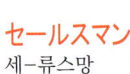 セールスマン 세-류스망	미용사 びようし  美容師 비요-시	군인 ぐんじん 軍人 궁징	

은행원 ぎんこういん 銀行員 긴코-인		엔지니어 エンジニア 엔지니아	

통역원 つうやくいん 通役員 츠-야쿠인 	비서 ひしょ 秘書 히쇼 	회계사 かいけいし 会計士 카이케이시 
이발사 りはつし 理髪師 리하츠시 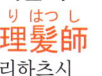	배관공 はいかんこう 配管工 하이칸코-	수의사 じゅういし 獣医師 쥬-이시 
건축가 けんちくか 建築家 켄치쿠카	편집자 へんしゅうしゃ 編集者 헨슈-샤 	성직자 せいしょくしゃ 聖職者 세이쇼쿠샤 

심리상담사 しんり 心理カウンセラー 신리카운세라- 	형사(사법경찰) けいじ 刑事 케-지 
방송국 PD ほうそうきょく 放送局プロデューサー 호-소-쿄쿠 프로듀-사- 	카메라맨 カメラマン 카메라망 
예술가 アーティスト 아-티스토 	영화감독 えいがかんとく 映画監督 에이가칸토쿠 
영화배우 えいがはいゆう 映画俳優 에이가하이유- 	운동선수 うんどうせんしゅ 運動選手 운도-센슈 
목수 だいく 大工 다이쿠 	프리랜서 フリーランサー 후리-란사 

관련대화

A : 당신의 직업은 무엇입니까?
あなたの 職業は 何ですか?
아나타노 쇼쿠교-와 난데스카

B : 저는 작가입니다.
私は 作家です。
와타시와 삭카데스

A: 어느 분야의 글을 쓰세요?
どんな 分野の文章を書いていますか?
돈나 분야노 분쇼-오 카이테이마스카

B : 주로 어린이 동화책을 쓰고 있어요.
主に、童話の 絵本を 書いています。
오모니, 도-와노 에혼오 카이테이마스

A: 너무 좋은 직업이네요.
とても いい 職業ですね。
토테모 이이 쇼쿠교-데스네

Unit 05 별자리

양자리 おひつじざ 牡羊座 오히츠지자	황소자리 おうしざ 牡牛座 오-시자	쌍둥이자리 ふたござ 双子座 후타고자
게자리 かにざ 蟹座 카니자	사자자리 ししざ 獅子座 시시자 	처녀자리 おとめざ 乙女座 오토메자
천칭자리 てんびんざ 天秤座 뎅빙자 	전갈자리 さそりざ 蠍座 사소리자 	사수자리 いてざ 射手座 이테자
염소자리 やぎざ 山羊座 야기자 	물병자리 みずがめざ 水瓶座 미즈가메자 	물고기자리 うおざ 魚座 우오자 

관련대화

A : 별자리가 어떻게 되세요.
　星座は 何ですか?
　세이자와 난데스카

B : 제 별자리는 처녀자리입니다.
　私の 星座は 乙女座です。
　와타시노 세이자와 오토메자데스

Unit 06 혈액형

관련대화

A : 당신의 혈액형이 뭐예요?
あなたの 血液型(けつえきがた)は 何(なん)ですか?
아나타노 케츠에키가타와 난데스카?

B : 저는 O형입니다.
私(わたし)の 血液型(けつえきがた)はO型(がた)です。
와타시노 케츠에티가타와 오가타데스.

관련단어

피	血(ち)	치
헌혈	献血(けんけつ)	켄케츠
혈소판	血小板(けっしょうばん)	켓쇼우방
혈관	血管(けっかん)	켓칸
적혈구	赤血球(せっけつきゅう)	섹켓큐-

Unit 07 띠

쥐 ねずみ 鼠 네즈미 ね 子 네	소 うし 牛 우시 うし 丑 우시	호랑이 とら 虎 토라 とら 寅 토라	토끼 うさぎ 兎 우사기 う 卯 우
용 たつ 竜 다츠 たつ 辰 타츠	뱀 へび 蛇 헤비 み 巳 미	말 うま 馬 우마 うま 午 우마	양 ひつじ 羊 히츠지 ひつじ 未 히츠지
원숭이 さる 猿 사루 さる 申 사루	닭 とり 鶏 토리 とり 酉 토라	개 いぬ 犬 이누 いぬ 戌 이누	돼지 いのしし 猪 이노시시 い 亥 이

관련대화

A : 장상은 무슨 띠예요?
　　張さんの 干支(えと) は何(なん)ですか?
　　장상노 에토와 난데스카?

B : 저는 말띠입니다.
　　馬(うま)です。
　　우마데스

Unit 08 성격

명랑해요
明るいです
아카루이데스

상냥해요
優しいです
야사시이데스

친절해요
親切です
신세츠데스

당당해요
堂々としています
도−도−도시테이마스

야무져요
しっかりしています
식카리시테이마스

고상해요
上品です
죠−힝데스

통이 커요
気前が いいです
키마에가 이이데스

눈치가 빨라요
気が 利きます
키가 키키마스

솔직해요
率直です
솟쵸쿠데스

적극적이에요
積極的です
섹쿄쿠데키데스

사교적이에요
社交的です
샤코우데키데스

꼼꼼해요
細かいです
고마카이데스

덜렁거려요
そそっかしいです
소솟카시이데스

겁쟁이예요
怖がりです
고와가리데스

보수적이에요 ほ しゅ てき **保守的です** 호슈테키데스 	개방적이에요 かい ほう てき **開放的です** 카이호우테키데스 
뻔뻔해요 あつ **厚かましいです** 아츠카마시이데스	심술궂어요 い じ わる **意地悪です** 이지와루데스 
긍정적이에요 こう ていてき **肯定的です** 고우테이테키데스 	부정적이에요 ひ ていてき **否定的です** 히테이테키데스 
다혈질이에요 たん き **短気です** 탄키데스 	냉정해요 れいせい **冷静です** 레이세이데스 
허풍쟁이예요 ふ **ほら吹きです** 호라후키데스 	소심해요 き ちい **気が 小さいです** 키가 츠이사이데스 
소극적이에요 しょうきょくてき **消極的です** 쇼-쿄쿠테키데스 	자애로워요 いつく ぶか **慈しみ深いです** 이츠쿠시미부카이데스 
겸손해요 けんそん **謙遜します** 켄손시마스 	진실돼요 しんじつ **真実です** 신지츠데스 
동정심이 많아요 なさ ぶか **情け深いです** 나사케 부카이데스 	인정이 많아요 じょう あつ **情が 厚いです** 죠-가 아츠이데스 

버릇없어요 行儀が悪いです 교-기가 와루이데스		잔인해요 惨いです 무고이데스	
거만해요 傲慢です 고-만데스		유치해요 幼いです 오사나이데스	
내성적이에요 内向的です 나이코-테키데스		외향적이에요 外向的です 가이코-테키데스	

관련대화

A : 성격이 어떠세요?

あなたの 性格は どうですか?

아나타노 세이카쿠와 도우데스카

B : 제 성격은 명랑해요.

私は 明るいです。

와타시와 아카루이데스

관련단어

성향	性向 (せいこう)	세이코-
기질	気質 (きしつ)	키시츠
울화통	癇癪玉 (かんしゃくだま)	칸샤쿠다마
(울화통이 터지다)	癇癪起こす。(かんしゃく お)	칸샤쿠 오코스
성격	性格 (せいかく)	세이카쿠
인격	人格 (じんかく)	진카쿠
장점	長所 (ちょうしょ)	쵸-쇼
태도	態度 (たいど)	타이도
관계	関係 (かんけい)	칸케이
말투	言葉遣い (ことばづかい)	코토바즈카이
표준어	標準語 (ひょうじゅんご)	효－준고
사투리	方言 (ほうげん)	호-겐

Unit 09 종교

천주교 てんしゅきょう 天主教 텡슈쿄-		기독교 キリスト教 키리스토쿄-	
불교 ぶっきょう 仏教 북쿄-		이슬람교 イスラム教 이스라무쿄-	

유대교 ユダヤ教 유다야쿄-		무교 むきょう 無教 무쿄-		도교 どうきょう 道教 도-쿄-	

관련대화

A : 종교가 어떻게 되세요?
宗教は 何ですか?
슈-쿄-와 난데스카

B : 저는 천주교 신자예요.
私は 天主教の 信者です。
와타시와 텡슈쿄-노 신자데스

A : 그래요. 저랑 같네요.
そうですか。私も 同じです。
소우데스카. 와타시모 오나지데스

관련단어

성당	天主堂 (てんしゅどう)	텡슈도-
교회	教会 (きょうかい)	쿄-카이
절	寺 (てら)	테라
성서/성경	聖書/聖経 (せいしょ/せいきょう)	세-쇼/세이쿄-
경전	経典 (きょうてん)	쿄-텐
윤회	輪廻 (りんね)	린네
전생	転生 (てんしょう)	텐쇼-
성모마리아	聖母マリア (せいぼマリア)	세이보마리아
예수	イエス	이에스
불상	仏像 (ぶつぞう)	부츠조-
부처	仏 (ほとけ)	호토케
종교	宗教 (しゅうきょう)	슈-쿄-
신부	神父 (しんぷ)	신푸
수녀	修女 (しゅうじょ)	슈-죠
승려	僧 (そう)	소-
목사	牧師 (ぼくし)	보쿠시

Chapter 02 신체

Unit 01 신체명

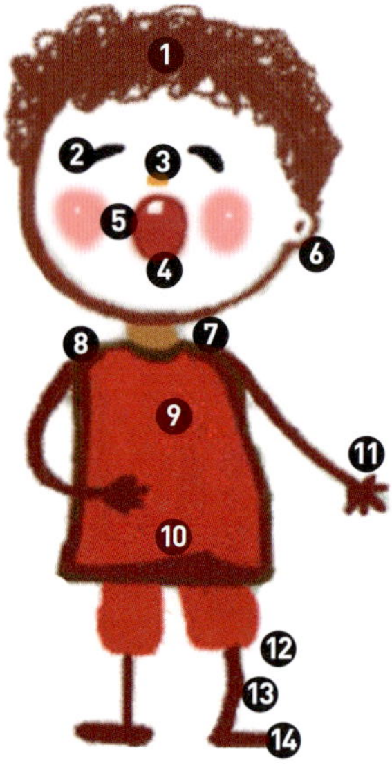

① 머리 あたま 頭 아타마	② 눈 め 目 메	③ 코 はな 鼻 하나
④ 입 くち 口 쿠치	⑤ 이 は 歯 하	⑥ 귀 みみ 耳 미미
⑦ 목 くび 首 쿠비	⑧ 어깨 かた 肩 카타	⑨ 가슴 むね 胸 무네
⑩ 배 はら 腹 하라	⑪ 손 て 手 테	⑫ 다리 あし 足 아시
⑬ 무릎 ひざ 膝 히자	⑭ 발 あし 足 아시	

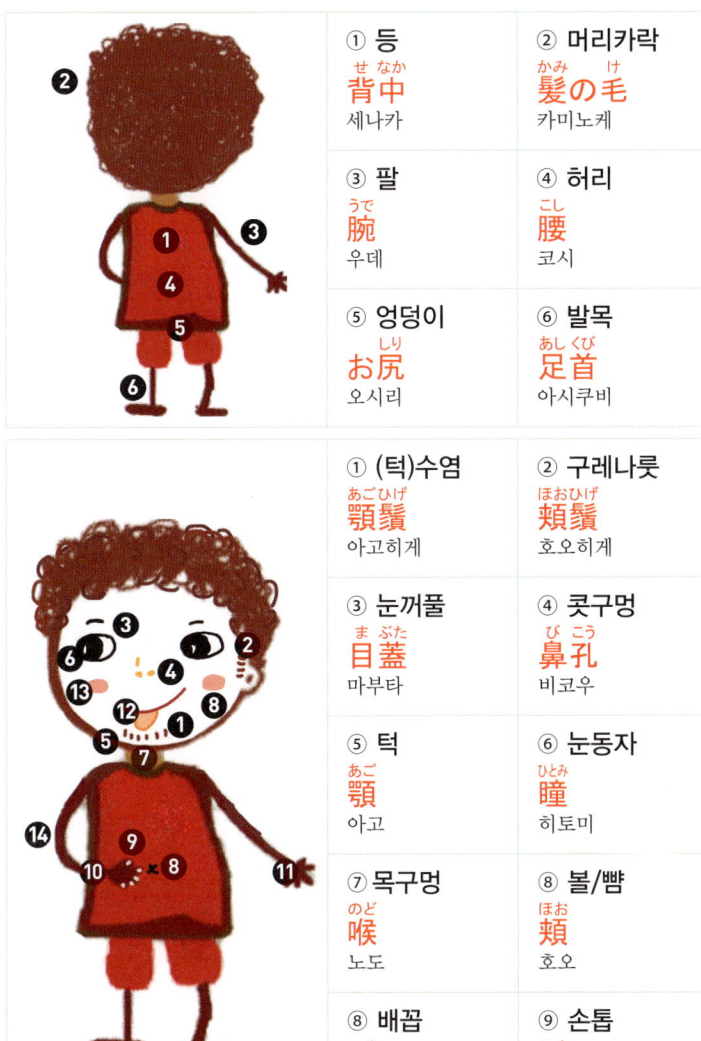

① 등 せなか 背中 세나카	② 머리카락 かみ け 髪の毛 카미노케
③ 팔 うで 腕 우데	④ 허리 こし 腰 코시
⑤ 엉덩이 しり お尻 오시리	⑥ 발목 あしくび 足首 아시쿠비

① (턱)수염 あごひげ 顎鬚 아고히게	② 구레나룻 ほおひげ 頬鬚 호오히게
③ 눈꺼풀 ま ぶた 目蓋 마부타	④ 콧구멍 び こう 鼻孔 비코우
⑤ 턱 あご 顎 아고	⑥ 눈동자 ひとみ 瞳 히토미
⑦ 목구멍 のど 喉 노도	⑧ 볼/뺨 ほお 頬 호오
⑧ 배꼽 へそ 臍 헤소	⑨ 손톱 つめ 爪 츠메

⑩ 손목 て くび 手首 테쿠비	⑪ 손바닥 て 手のひら 테노히라	⑫ 혀 した 舌 시타
⑬ 피부 はだ 肌 하다	⑭ 팔꿈치 ひじ 肘 히지	

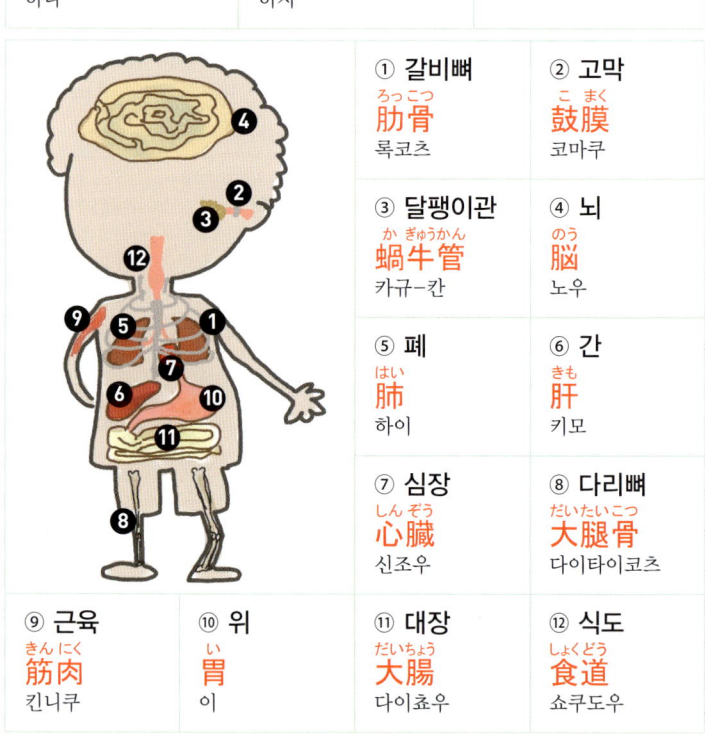

① 갈비뼈 ろっこつ 肋骨 록코츠	② 고막 こ まく 鼓膜 코마쿠
③ 달팽이관 か ぎゅうかん 蝸牛管 카규-칸	④ 뇌 のう 脳 노우
⑤ 폐 はい 肺 하이	⑥ 간 きも 肝 키모
⑦ 심장 しん ぞう 心臓 신조우	⑧ 다리뼈 だいたいこつ 大腿骨 다이타이코츠
⑨ 근육 きん にく 筋肉 킨니쿠	⑩ 위 い 胃 이	⑪ 대장 だいちょう 大腸 다이쵸우	⑫ 식도 しょくどう 食道 쇼쿠도우

관련단어

건강하다	健康だ(けんこう だ)	켄코우다
근시	近視(きんし)	킨시
난시	乱視(らんし)	란시
대머리	はげ頭(あたま)	아타마
동맥	動脈(どうみゃく)	도-먀쿠
정맥	静脈(じょうみゃく)	죠-먀쿠
맥박	脈(みゃく)	먀쿠
체중	体重(たいじゅう)	타이쥬-
세포	細胞(さいぼう)	사이보-
소화하다	熟(こな)す	코나스
시력	視力(しりょく)	시료쿠
주름살	しわ	시와
지문	指紋(しもん)	시몬

Unit 02 병명

천식
ぜんそく
喘息
젠소쿠

고혈압
こうけつあつ
高血圧
고-케츠아츠

소화불량
しょうかふりょう
消化不良
쇼-카후료-

당뇨병
とうにょうびょう
糖尿病
도-뇨-뵤-

생리통
せいりつう
生理痛
세이리츠-

알레르기
アレルギー
아레루기-

심장병
しんぞうびょう
心臓病
신죠-뵤-

맹장염
もうちょうえん
盲腸炎
모-쵸-엔

위염
いえん
胃炎
이엔

감기
かぜ
風邪
카제

배탈
ふくつう
腹痛
후쿠츠-

설사
げり
下痢
게리

장티푸스
ちょう
腸チフス
쵸-치후스

결핵
けっかく
結核
켁카쿠

고산병
こうざんびょう
高山病
코-잔뵤-

광견병
きょうけんびょう
狂犬病
쿄-켄뵤-

뎅기열
ねつ
デング熱
뎅구네츠

저체온증 ていたいおんしょう 低体温症 테이타이온쇼- 	폐렴 はいえん 肺炎 하이엔 
식중독 しょくちゅうどく 食中毒 쇼쿠쵸-도우 	기관지염 きかんしえん 気管支炎 키칸시엔 
열사병 ねっしゃびょう 熱射病 렛샤뵤- 	치통 はいた 歯痛 하이타 	간염 かんえん 肝炎 칸엔 
고열 こうねつ 高熱 코-네츠 	골절 こっせつ 骨折 콧세츠 	기억상실증 きおくそうしつ 記憶喪失 기오쿠소-시츠 
뇌졸중 のうそっちゅう 脳卒中 노-솟츄- 	독감 インフルエンザ 인후루엔자 
두통 ずつう 頭痛 즈츠- 	마약중독 まやくちゅうどく 麻薬中毒 마야쿠츄-도쿠 
불면증 ふみんしょう 不眠症 후민쇼- 	비만 ひまん 肥満 히만 
거식증 きょしょくしょう 拒食症 쿄쇼쿠쇼- 	우두 ぎゅうとう 牛痘 규-토우 

| 암
 がん
 癌
 간 |  | 천연두
 てんねんとう
 天然痘
 텐넨토- |  | 빈혈
 ひんけつ
 貧血
 힌케츠 |  |

관련대화

A : 요즘은 불면증으로 너무 힘들어요.
　　最近は 不眠症で とても しんどいです。
　　사이킹와 후민쇼-데 토테모 신도이데스

B : 저도 그런데 밤마다 우유를 따뜻하게 데워 먹어보세요.
　　私も 同じですけど、毎晩 牛乳を 温めて 召し上がって みてください。
　　와타시모 오나지데스케도, 마이방 큐-뉴-오 아타타메테 메시아가테미테쿠다사이

A : 좋은 정보 고마워요.
　　いい情報 有難う御座います。
　　이이죠-호우 아리가토우고자이마스

관련단어

가래	痰	탄
침	唾	츠바키
열	熱	네츠
여드름	にきび	니키비

블랙헤드	ブラックヘッド	브랏쿠헷도
알레르기 피부	アトピー皮膚	아토피-히후
콧물	鼻水	하나미즈
눈물	涙	나미다
눈곱	目糞	메쿠소
치질	痔疾	지시츠
모공	毛穴	케아나
각질	角質	카쿠시츠
피지	皮脂	히시
코딱지	鼻糞	하나쿠소

Unit 03 약명

아스피린	소화제	위장약
アスピリン 	しょうかざい 消化剤 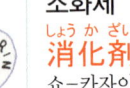	いちょうやく 胃腸薬
아스피린	쇼-카자이	이쵸-야쿠

반창고	수면제	진통제
ばんそうこう 絆創膏	すいみんやく 睡眠薬	ちんつうざい 鎮痛剤
반소-코-	스이민야쿠	친츠-자이

해열제	멀미약
げねつざい 解熱剤 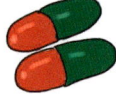	よ ど 酔い止め 
게네츠자이	요이도메

청심환	기침약
にっすいせいしんがん 日水清心丸 	せき ど 咳止め 
닛스이세-신간	세키도메

지혈제	탈수방지약	소염제
し けつざい 止血剤	だっすいぼうしやく 脱水防止薬	しょうえんざい 消炎剤
시케츠사이	닷스이보-시야쿠	쇼-엔자이

소독약	변비약	안약
しょうどくやく 消毒薬	べんぴやく 便秘薬 	めぐすり 目薬 
쇼-도쿠야쿠	벤피야쿠	메구스리

붕대	설사약	감기약
ほうたい 包帯 	げりど 下痢止め 	かぜぐすり 風邪薬
호-타이	게리도메	카제구스리

비타민	영양제 	무좀약 
ビタミン	えいようざい 栄養剤	みずむしぐすり 水虫薬
비타민	에이요-자이	미즈무시구스리

관련대화

A : 눈에 뭐가 들어갔어요. 안약 주세요.

　　め　　なん　　はい　　　　めぐすり
　　目に 何か 入りました。目薬 ください。
　　메니 난카 하이리마시타. 메구스리 쿠다사이

B : 여기 있습니다.

　　ここに あります。
　　코코니 아리마스

관련단어

건강검진	けんこうしんだん 健康診断	켄코우신단
내과의사	ないかい 内科医	나이카이
노화	ろうか 老化	로-카
면역력	めんえきりょく 免疫力	멘에키료쿠
백신(예방) 접종	よぼう せっしゅ 予防 接種	요보우 셋슈
병실	びょうしつ 病室	뵤-시츠
복용량	ふくようりょう 服用量	후쿠요-료-
부상	ふしょう 負傷	후쇼-

부작용	副作用(ふくさよう)	후쿠사요-
산부인과 의사	産科医(さんかい)	산카이
낙태	堕胎(だたい)	다타이
소아과 의사	小児科の医者(しょうにかのいしゃ)	쇼-니카노이샤
식욕	食欲(しょくよく)	쇼쿠요쿠
식이요법	食療法(しょくりょうほう)	쇼쿠료-호우
수술	手術(しゅじゅつ)	슈쥬츠
외과의사	外科医者(げかいしゃ)	게카이샤
치과의사	歯科医(しかい)	시카이
약국	薬局(やっきょく)	약쿄우
의료보험	医療保険(いりょうほけん)	이료-호켄
이식하다	移植する(いしょくする)	이쇼쿠스루
인공호흡	人工呼吸(じんこうこきゅう)	진코우코큐-
종합병원	総合病院(そうごうびょういん)	소-고-뵤-잉
침술	針術(はりじゅつ)	하리 쥬츠
중환자실	集中治療室(しゅうちゅうちりょうしつ)	슈-츄-치료-시츠
응급실	応急室(おうきゅうしつ)	오-큐-시츠
처방전	処方箋(しょほうせん)	쇼호-센
토하다	吐く(はく)	하쿠
어지러운	目くらむ(めくらむ)	메쿠라무
속이 메스껍다	むかつく	무카츠쿠

Unit 04 생리현상

트림 げっぷ 겟푸	재채기 くしゃみ 쿠샤미	한숨 ため息(いき) 타메이키
딸꾹질 しゃっくり 샤쿠리	하품 あくび 아쿠비	눈물 涙(なみだ) 나미다
대변 大便(だいべん) 다이벤	방귀 おなら 오나라	소변 小便(しょうべん) 쇼-벤

관련대화

A: 에취! 감기가 들었는지 계속 재채기와 콧물이 나와.
   はくしょん! 風邪(かぜ)を 引(ひ)いたらしく ずっと と 鼻水(はなみず)が 出(で)る。
   하쿠숀! 카제오 히이타라시쿠 즛토 쿠샤미토 하나미크가 데루

B: 병원에 빨리 가보렴.
   早(はや)く 病院(びょういん)に 行(い)ってみなさい。
   하야쿠 뵤-잉니 잇테미나사이

Chapter 03 감정, 행동 표현

Unit 01 감정

사랑해요
愛してます
아이시테마스

통쾌해요
痛快してます
츠-카이시테마스

흥분했어요
興奮してます
코-훈시테마스

재미있어요
面白いです
오모시로이데스

행복해요
幸せです
시아와세데스

즐거워요
楽しいです
타노시이데스

좋아요
いいです
이이데스

기뻐요
うれしいです
우레시이데스

힘이 나요
元気が 出ます
겐키가 데마스

뿌듯해요
胸がいっぱいです
무네가 잇빠이데스

짜릿해요
じいんときます
지인토키마스

감격했어요
感激しました
칸게키시마시타

부끄러워요 恥ずかしいです 하즈카시이데스		난처해요 困ります 고마리마스	
외로워요 寂しいです 사비시이데스		재미없어요 面白くないです 오모시로쿠나이데스	
화났어요 怒ります 오코리마스		무서워요 怖いです 고와이데스	
불안해요 不安です 후안데스		피곤해요 疲れます 츠카레마스	
싫어요 悪いです 와루이데스		불쾌해요 不快です 후카이데스	
괴로워요 苦しいです 쿠루시이데스		지루해요 退屈です 타이쿠츠데스	
슬퍼요 悲しいです 카나시이데스		억울해요 悔しいです 쿠야시이데스	
비참해요 惨めです 미지메데스		짜증나요 むかつきます 무카츠키마스	

Chapter 03 감정 행동 표현

초조해요 いらいらします 이라이라시마스 	무기력해요 無気力です 무키료쿠데스 	
부담스러워요 負担に感じます 후탄니 칸지마스 	놀랐어요 驚きます 오도로키마스 	
고마워요 ありがとうございます 아리가토우 고자이마스 	행운을 빕니다 幸運を祈ります 고-운오 이노리마스 	질투 나요 嫉妬する 싯토스루

관련대화

A : 저는 비를 좋아해요. 그래서 비가 오면 기분이 너무 좋아요.
私は 雨が 好きなので、雨が 降ると 気持が とてもいいです。
와타시와 아메가 스키나노데, 아메가 후루토 키모치가 토데모이이데스

B : 그래요? 저는 비가 오면 슬퍼요. 어제도 비가 와서 짜증났어요.
そうですか? 私は 雨が 降ると 悲しいです。昨日も 雨が 降って 悲しかったです。
소-데스카? 와타시와 아메가 후루토 카나시이데스. 키노우모 아메가 훗테 카나시캇타데스

A : 그래요? 저와는 정반대군요.
そうですか。私と 反対ですね。
소우데스카. 와타시토 한타이데스네

Unit 02 칭찬

멋져요 すてき 素敵です 스테키데스	훌륭해요 りっぱ 立派です 릿파데스	굉장해요 すば 素晴らしいです 스바라시이데스

대단해요 すご 凄いです 스고이데스	귀여워요 かわい 可愛いです 카와이이데스	예뻐요 きれいです 키레이데스

아름다워요 うつく 美しいです 우츠쿠시이데스	최고예요 さいこう 最高です 사이코-데스	참 잘했어요 じょうず とても 上手です 토테모 죠-즈데스

관련대화

A : 당신은 정말 귀여워요.

　　あなたは 本当に 可愛いです。
　　아나타와 혼토-니 카와이이데스

B : 고마워요. 당신은 정말 멋져요.

　　ありがとう。あなたは 本当に 素敵です。
　　아리가토-. 아나타와 혼토-니 스테키데스

Unit 03 행동

세수하다 かお あら 顔を 洗う 카오오 아라우		청소하다 そう じ 掃除する 소ー지 스루	
자다 ね 寝る 네루		일어나다 お 起きる 오키루	
빨래하다 せんたく 洗濯する 센타쿠스루		먹다 た 食べる 타베루	
마시다 の 飲む 노무		요리하다 りょう り 料理する 료ー리스루	
설거지하다 さら あら 皿を洗う 사라오 아라우		양치질하다 うがい 嗽を する 우가이오 스루	
샤워하다 あ シャワーを 浴びる 샤와ー오 아비루		옷을 입다 ふく き 服を 着る 후쿠오 키루	
옷을 벗다 ふく ぬ 服を 脱ぐ 후쿠오 누구		쓰레기를 버리다 す ごみを 捨てる 고미오 스테루	

창문을 열다 窓を 開ける 마도오 아케루 	창문을 닫다 窓を 閉める 마도오 시메루 
불을 켜다 明を ともす 아카리오 토모스 	불을 끄다 明を 消す 아카리오 케스 
오다 来る 쿠루 	가다 行く 이쿠 
앉다 座る 스와루 	서다 立つ 타츠 
걷다 歩く 아루쿠 	달리다 走る 하시루 
놀다 遊ぶ 아소부 	일하다 働く 하타라쿠 
웃다 笑う 와라우	울다 泣く 나쿠 
나오다 出る 데루 	들어가다 入る 하이루 

Chapter 03 감정, 행동 표현

묻다 尋ねる 타즈네루		대답하다 答える 고타에루	
멈추다 止まる 토마루		움직이다 動く 우고쿠	
올라가다 上がる 아가루		내려가다 下りる 오리루	
박수 치다 手を たたく 데오 타타쿠		찾다 探す 사가스	
흔들다 振る 후루		춤추다 踊る 오도루	
뛰어오르다 跳ねる 하네루		넘어지다 倒れる 타오레루	
읽다 読む 요무		싸우다 争う 아라소우	
말다툼하다 口げんかする 쿠치겐카스루		인사 挨拶 아이사츠	

대화 たいわ 対話 타이와		쓰다 か 書く 카쿠	
던지다 な 投げる 나게루		잡다 つかむ 츠카무	

관련대화

A : 주말에는 주로 뭐하세요?
　　しゅうまつ　なに
　　週末に 何を しますか?
　　슈-마츠니니 나니오 시마스카

B : 저는 주말엔 청소하고 요리를 해요.
　　わたし　しゅうまつ　そうじ　　　りょうり
　　私は週末に掃除して 料理を します。
　　와타시와 슈-마츠니 소우지시테 료-리오 시마스

관련단어

격려하다	はげ 励ます	하게마스
존경하다	うやま 敬う	우야마우
지지하다	し　じ 支持する	시지스루
주장하다	しゅちょう 主張する	슈쵸-스루
추천하다	すいせん 推薦する	스이센스루

경쟁하다	張^{はり}合^あう	하리아우
경고하다	警告^{けいこく}する	케이코쿠스루
설득하다	説^とく	토쿠
찬성하다	賛^{さん}する	산스루
반대하다	反対^{はんたい}する	한타이스루
재촉하다	急^せかせる	세카세루
관찰하다	観察^{かんさつ}する	칸사츠스루
상상하다	思^{おも}い浮^うかべる	오모이우카베루
기억하다	憶^{おぼ}える	오보에루
후회하다	悔^くいる	쿠이루
신청하다	申^{もう}し込^こむ	모-시코무
약속하다	約束^{やくそく}する	야쿠소쿠스루
논평하다	論評^{ろんぴょう}する	론표-스루
속삭이다	囁^{ささや}く	사사야쿠
허풍을 떨다	法螺^{ほら}を吹^ふく	호라오 후쿠

Unit 04 인사

안녕하세요 お元気ですか 오겡키데스카 	아침인사(안녕하세요) おはよう ございます 오하요우고자이마스 
점심인사(안녕하세요) こんにちは 콘니치와 	저녁인사(안녕하세요) こんばんは 콘방와 
처음 뵙겠습니다 はじめまして 하지메마시테 	잘 부탁드립니다 どうぞ よろしく お願いします 도-죠 요로시쿠 오네가이시마스 
잘 지내셨어요 お元気で いらっしゃいましたか 오겐키데 이랏샤이마시타카  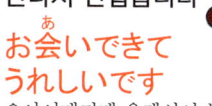	만나서 반갑습니다 お会いできて うれしいです 오아이데키테 우레시이데스 
오랜만이에요 お久しぶりです 오히사시부리데스 	안녕히 가세요 さようなら 사요-나라(여인들이 헤어질때 이제 헤어집시다라는 뜻으로 쓰이기도 함) 
또 만나요 また会いましょう 마타아이마쇼-  	안녕히 주무세요 おやすみなさい 오야스미나사이 

관련대화

A : (아침인사) 안녕하세요.

おはようございます。
오하요우고자이마스

B : 네 안녕하세요. 잘 지내셨죠?

おはようございます。お元気でしたか?
오하요우고자이마스. 오겐키데시타카

A : 네, 잘 지냈어요. 어디 가시는 길이에요?

はい、元気でした。どこに 行きますか?
하이. 겐키데시타. 도코니 이키마스카

B : 잠시 일이 있어서 나가는 길이에요.

ちっと 用事があって、出る ところです。
촛토 요-지가앗테, 데후 토코로데스

A : 네, 그럼 다음에 뵐게요.

それでは、またね。
소레데와, 마타네

Unit 05 축하

생일 축하합니다 お誕生日 おめでとうございます 오탄죠비 오메데토-고자이마스	결혼 축하합니다 ご結婚 おめでとうございます 고켁콘 오메데토-고자이마스
합격 축하합니다 合格お めでとうございます 고-카쿠 오메데토-고자이마스	졸업 축하합니다 ご卒業 おめでとうございます 고소츠교- 오메데토-고자이마스
명절 잘 보내세요 よい お休みを 過ごしください 요이 오야스미오 스고시테쿠다사이	새해 복 많이 받으세요 明けまして おめでとうございます 아케마시테 오메데토-고자이마스
메리크리스마스 メリークリスマス 메리-쿠리스마스	개업 축하합니다. ご開業 おめでとうございます 고카이교- 오메데토-고자이마스

관련대화

A : 졸업 축하해요.
　　ご卒業 おめでとうございます。
　　고소츠교- 오메데토-고자이마스

Chapter 04 교육

Unit 01 학교

유치원 ようちえん 幼稚園 요-치엔	초등학교 しょうがっこう 小学校 쇼-각코- 	중학교 ちゅうがっこう 中学校 츄-각코- 
고등학교 こうとうがっこう 高等学校 코-토-각코-	대학교 だいがく 大学 다이가쿠	학사 がくし 学士 가쿠시 
석사 しゅうし 修士 슈-시 	박사 はかせ 博士 하카시 	대학원 だいがくいん 大学院 다이가쿠잉

관련대화

A : 자녀가 몇 살이예요?

お子さんは おいくつですか?
오꼬상와 오이쿠츠데스카

B : 19살이에요. 내년에 대학에 들어가요.
　　じゅうきゅうさい　　　　らいねん　　だいがく　　はい
　　十九歳です。来年に 大学に 入ります。
　　쥬-큐-사이데스. 라이넹니 다이가쿠니 하이리마스

A : 어머, 고3 학부모군요. 많이 힘드시겠어요.
　　　　こうこうさんねん　　ふけい　　　　　　　　たいへん
　　あら、高校3年の 父兄ですね。とても 大変そうですね。
　　아라, 코-코- 산넨노 후케-이데스네. 토테모 타이헨소우데스네

B : 네, 그래도 아이가 저보다 더 힘들겠죠.
　　　　　　　わたし　　　こど　　　　　　　たいへん
　　はい。でも、私 より 子もが もっと 大変です。
　　데모, 와타시 요리 코도모가 못토 타이헨데스

관련단어

학원	じゅく 塾	쥬쿠
공립학교	こうりつがっこう 公立学校	코-리츠각코-
사립학교	しりつがっこう 私立学校	시리츠각코-
교장	こうちょう 校長	코-쵸-
학과장	がっかちょう 学科長	각카쵸-
신입생	しんにゅうせい 新入生	신뉴-세이
학년	がくねん 学年	가쿠넹

Unit 02 학교시설

① 교정 こうてい 校庭 코-테이	② 교문 こうもん 校門 코-몬
③ 운동장 うんどうじょう 運動場 운도-죠-	④ 교장실 こうちょうしつ 校長室 코-쵸-시츠
⑤ 사물함 ロッカー 롯카-	⑥ 강의실 こうぎしつ 講義室 코-기시츠
⑦ 화장실 トイレ 토이레	⑧ 교실 きょうしつ 教室 쿄-시츠

⑨ 복도 ろう か 廊下 로-카	⑩ 도서관 と しょかん 図書館 토쇼칸
⑪ 식당 しょくどう 食堂 쇼쿠도우	⑫ 기숙사 りょう 寮 료-
⑬ 체육관 たいいくかん 体育館 타이이쿠칸	⑭ 매점 ばいてん 売店 바이텡
⑮ 교무실 きょう む しつ 教務室 쿄-무시츠	⑯ 실험실 じっけんしつ 実験室 짓켄시츠

관련대화

A : 이 학교는 교정이 너무 예쁜거 같아요.
　　この学校の 校庭は とても 美しいです。
　　코노 각코-노 코-테-와 토테모 우츠쿠시이데스

B : 그죠. 저는 이 학교 출신이에요.
　　そうでしょう。私は この学校の 出身です。
　　소우데쇼-. 와타시와 코노 각코-노 슛신데스

Unit 03 교과목

1	일본어	日本語 (にほんご)	니혼고
2	영어	英語 (えいご)	에이고
3	중국어	中国語 (ちゅうごくご)	츄-고쿠고
4	철학	哲学 (てつがく)	테츠가쿠
5	문학	文学 (ぶんがく)	분가쿠
6	수학	数学 (すうがく)	스우가쿠
7	경제	経済 (けいざい)	케-자이
8	상업	商業 (しょうぎょう)	쇼-교-
9	기술	技術 (ぎじゅつ)	기슈츠

		ちり	
10	지리	地理	치리
11	건축	建築	켄치쿠
12	생물	生物	세이부츠
13	화학	化学	카가쿠
14	천문학	天文学	텐몬가쿠
15	역사	歴史	레키시
16	법률	法律	호-리츠
17	정치학	政治学	세이지가쿠
18	사회학	社会学	샤카이가쿠

19	음악	音楽 (おんがく)	온가쿠
20	체육	体育 (たいいく)	타이이쿠
21	윤리	倫理 (りんり)	린리
22	물리	物理 (ぶつり)	부츠리
23	받아쓰기	聞き取り (きとり)	키키토리
24	중간고사	中間試験 (ちゅうかんしけん)	츄-칸시켄
25	기말고사	期末試験 (きまつしけん)	키마츠시켄
26	장학금	奨学金 (しょうがくきん)	쇼-가쿠킨
27	입학	入学 (にゅうがく)	뉴-가쿠

28	졸업	卒業(そつぎょう)	소츠교-
29	숙제	宿題(しゅくだい)	슈쿠다이
30	시험	試験(しけん)	시켄
31	논술	論述(ろんじゅつ)	론쥬츠
32	채점	採点(さいてん)	사이텐
33	전공	専攻(せんこう)	센코-
34	학기	学期(がっき)	각키
35	등록금	登録金(とうろくきん)	토-로쿠킨
36	컨닝	カンニング	칸닌구

Chapter 04 교육

관련대화

A : 제일 좋아하는 과목이 뭐예요?
　一番 好きな 科目は 何ですか?
　이치방 스키나 카모쿠와 난데스카

B : 저는 수학을 좋아해요.
　私は 数学が すきです。
　와타시와 수-가쿠가 스키데스

Unit 04 학용품

공책(노트) ひっきちょう 筆記帳 =(ノート) 힉키쬬- / 노-토 	지우개 け 消しゴム 케시고무 	볼펜 ボールペン 보-루펜 
연필 えんぴつ 鉛筆 엔비츠		노트북 パソコン 파소콘 
책 ほん 本 혼 	칠판 こくばん 黒板 코쿠방	칠판지우개 こくばん 黒板ふき 코쿠방후키
필통 ふでばこ 후데바코 	샤프 シャープペン 샤-푸펜 	색연필 いろえんぴつ 色鉛筆 이로엔피츠 
압정 がびょう 画鋲 가뵤- 	만년필 まんねんひつ 万年筆 만넹히츠	클립 クリップ 쿠릿푸
연필깎기 えんぴつけずり 鉛筆削り 엔피츠케즈리 	크레파스 クレヨン 쿠레용	화이트 しゅうせい 修正ペン 슈-세이펜 
가위 はさみ 鋏 하사미 	풀 のり 糊 노리 	물감 えのぐ 에노구 

잉크 インク 인쿠	자 定規(じょうぎ) 죠-기	스테이플러 ホッチキス 홋치키스
스케치북 スケッチブック 스켓치부쿠	샤프심 シャープペンシルの芯(しん) 샤-푸펜시루노싱	칼 カッターナイフ 캇타-나이후
파일 ファイル 햐이루	매직펜 マジックペン 마직쿠펜	사인펜 サインペン 사인펜
형광펜 蛍光(けいこう)ペン 케-코-펜	테이프 テープ 테-푸	콤파스 コンパス 콘파스

관련대화

A : 볼펜 좀 빌려줄래요?

ボールペンを 借(か)りても いいですか?
보-루펜오 카리테모 이이데스카

B : 여기 있습니다. 쓰시고 나서 꼭 돌려주세요.

はい、どうぞ。使(つか)ったら かならず 返(かえ)してください。
하이, 도우죠. 츠캇타라 카나라즈 카에시테쿠다사이

A : 네, 알겠습니다.

はい、分(わ)かりました。
하이 와카리마시타

Unit 05 부호

더하기	た	足す/プラス	타스 / 프라스
빼기	ひ	引く/マイナス	히쿠 / 마이나스
나누기	わ	分け	와케
곱하기	か	掛ける	가케루
크다/작다	おお　ちい	大きい/小さい	오오키이 / 츠이사이
같다	おな	同じ	오나지
마침표	しゅう し ふ	終止符	슈-시후
느낌표	かんたん ふ	感嘆符	칸탄후
물음표	ぎ もん ふ	疑問符	기몬후
하이픈		ハイフン	하이훈
콜론		コロン	코론
세미콜론		セミコロン	세미코론
따옴표	いんよう ふ	引用符	잉요-후
생략기호	しょうりゃく き ごう	省略記号	쇼-랴쿠키고-
at/골뱅이		アットマーク	앗토마-쿠
루트		ルート	루-토
슬러쉬		スラッシュ	스랏슈

관련대화

A : 10빼기 9는 무엇인가요?
　十引く 九は 何ですか?
　쥬 히쿠- 큐-와 난데스카

B : 10빼기9는 1입니다.
　十引く 九は 一です。
　쥬 히쿠 큐-와 이치데스

A : 그럼 4곱하기 2은 무엇인가요?
　四掛け 二は 何ですか?
　욘 카케 니와 난데스카

B : 4곱하기 2은 8입니다.
　四掛け 二は 八になります。
　욘 카케 니와 하치니나리마스

Unit 06 도형

정사각형 せい し かくけい 正四角形 세이시카쿠케-		삼각형 さん かくけい 三角形 산카쿠케-		원 まる 丸 마루	
사다리꼴 だいけい 台形 다이케-		원추형 えんすいけい 円錐形 엔스이케-		다각형 た かくけい 多角形 타카쿠케-	
부채꼴 おうぎがた 扇形 오-기가타		타원형 だ えんけい 楕円形 다엔케-		육각형 ろっ かくけい 六角形 롯카쿠케-	
오각형 ご かくけい 五角形 고카쿠케-		원기둥 えんちゅう 円柱 엔츄-			
평행사변형 へい こう し へんけい 平行四辺形 헤이코-시헨케-		각뿔 かくすい 角錐 칵스이			

관련대화

A : 삼각형의 세 각의 합은 몇 도인가요?
さんかくけい　すべ　　　かく ど　　ごうけい　　なん ど
三角形の 全ての 角度の 合計は 何度ですか?
산카쿠케-노 스베테노 카쿠도노 고-케-와 난도데스카

B : 삼각형의 세 각의 합은 180도입니다.
　　三角形の 全ての 角度の 合計は 百八十度です。
　　산카쿠케-노 스베테노카쿠도노 고-케이와 햐쿠하치쥬도데스

A : 그럼, 무엇을 정사각형이라고 하나요?
　　では、正四角形だと どんな ものですか?
　　데와, 세이시카쿠케-다토 돈나모노데스카

B : 네 변의 길이가 같은 사각형을 정사각형이라고 합니다.
　　四辺の 長さが 同じ 四角形を 正四角形だと 言います。
　　욘헨노 나가사가 오나지 시카쿠케이오 세이시카쿠케-다토 이이마스

A : 맞습니다. 정말 똑똑하네요.
　　正しいです。本当に 頭が いいですね。
　　타다시이데스. 혼토-니 아타마가 이이데스네

Unit 07 숫자

영 れい 零/ゼロ 레이/ 제로	일 いち 一 이치	이 に 二 니
삼 さん 三 산	사 し/よん 四 시/욘	오 ご 五 고
육 ろく 六 로쿠	칠 しち/なな 七 시치/ 나나	팔 はち 八 하치
구 きゅう 九 큐-	십 じゅう 十 쥬-	이십 に じゅう 二十 니쥬- 20
삼십 さんじゅう 三十 30 산쥬-	사십 よんじゅう 四十 40 욘쥬-	오십 ご じゅう 五十 50 고쥬-
육십 ろくじゅう 六十 60 로쿠쥬-	칠십 ななじゅう 七十 70 나나쥬-	팔십 はちじゅう 八十 80 하치쥬-
구십 きゅうじゅう 九十 90 큐-쥬-	백 ひゃく 百 100 하쿠	천 せん 千 1,000 센

만 まん 万 만	10,000	십만 じゅうまん 十万 쥬-만	100,000	백만 ひゃくまん 百万 햐쿠만	1,000,000
천만 せんまん 千万 센만	10,000,000	억 おく 億 오쿠	100,000,000	조 ちょう 兆 쵸-	1,000,000,000,000

관련대화

A : 당신은 어떤 숫자를 좋아하나요?
あなたは どんな 数字が 好きですか?
아나타와 돈나 스-지가 스키데스카

B : 저는 숫자 9를 좋아합니다.
私は 九が 好きです。
와타시와 큐-가 스키데스

A : 무슨 의미가 있는 숫자인가요?
どんな 意味が ある 数字ですか?
돈나 이미가 아루 스-지 데스카

B : 아니요. 아무 의미 없어요. 그냥 좋아하는 숫자에요.
いいえ、何の 意味も ありません。ただ 好きな 数字です。
이이에, 난노 이미모 아리마센. 타다 스키나 스-지데스

Unit 08 수사

명 めい 名 메이 	마리(작은 동물) ひき、びき、ぴき 匹 히키, 비키, 피키 
마리(큰 동물) とう 頭 토- 	개 こ 個 코 

잔 はい、ばい、ぱい 杯 하이, 바이, 파이 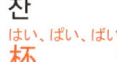	병 びん 瓶 빙	장 まい 枚 마이 

권 さつ 冊 사츠 	대(기계나 가전제품) だい 台 다이 

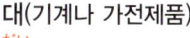

층 かい、がい 階 카이, 가이 	채(집을 세는 단위) けん 軒 켄 	개(길쭉한 것) ぽん、ほん 本 본, 혼 

관련대화

A : 몇 분이세요?
なんめいさま
何名様ですか?
난메이사마데스카

B : 두 명입니다.
ふた り
二人です。
후타리데스

Chapter 05 계절/월/요일

Unit 01 계절

봄 はる 春 하루		여름 なつ 夏 나츠	
가을 あき 秋 아키		겨울 ふゆ 冬 후유	

관련대화

A : 지금은 무슨 계절입니까?
　　いま　なん　　きせつ
　　今は 何の 季節ですか?
　　이마와 난노 키세츠데스카

B : 지금은 봄입니다.
　　いま　はる
　　今は 春です。
　　이마와 하루데스

Unit 02 요일

월요일 げつようび 月曜日 게츠요-비 	화요일 かようび 火曜日 카요-비 	수요일 すいようび 水曜日 스이요-비 
목요일 もくようび 木曜日 모쿠요-비 	금요일 きんようび 金曜日 킹요-비 	
토요일 どようび 土曜日 도요-비 	일요일 にちようび 日曜日 니치요-비 	

관련대화

A : 오늘은 무슨 요일인가요?
きょう　　なんようび
今日は 何曜日ですか?
쿄-와 난요-비데스카

B : 오늘은 수요일입니다.
きょう　　すいようび
今日は 水曜日です。
쿄-와 수이요-비데스

Unit 03 월

1월 いちがつ 一月 이치가츠 	2월 にがつ 二月 니가츠 	3월 さんがつ 三月 산가츠 
4월 しがつ 四月 시가츠 	5월 ごがつ 五月 고가츠 	6월 ろくがつ 六月 로쿠가츠 
7월 しちがつ 七月 시치가츠 	8월 はちがつ 八月 하치가츠 	9월 くがつ 九月 쿠가츠 
10월 じゅうがつ 十月 쥬-가츠 	11월 じゅういちがつ 十一月 쥬-이치가츠 	12월 じゅうにがつ 十二月 쥬-니가츠 

Unit 04 일

1일 ついたち 一日 츠이타치	2일 ふつか 二日 후츠카	3일 みっか 三日 믹카	4일 よっか 四日 욕카
5일 いつか 五日 이츠카	6일 むいか 六日 무이카	7일 なのか 七日 나노카	8일 ようか 八日 요우카
9일 ここのか 九日 코코노카	10일 とおか 十日 토오카	11일 じゅういちにち 十一日 쥬ー이치니치	12일 じゅうににち 十二日 쥬ー니니치
13일 じゅうさんにち 十三日 쥬ー산니치	14일 じゅうよっか 十四日 쥬ー욕카	15일 じゅうごにち 十五日 쥬ー고니치	16일 じゅうろくにち 十六日 쥬ー로쿠니치
17일 じゅうしちにち 十七日 쥬ー시치니치	18일 じゅうはちにち 十八日 쥬ー하치니치	19일 じゅうくにち 十九日 쥬ー쿠니치	20일 はつか 二十日 하츠카

21일 に じゅういちにち 二十一日 니쥬-이치니치	22일 に じゅう に にち 二十二日 니쥬-니니치	23일 に じゅうさんにち 二十三日 니쥬-산니치	24일 に じゅうよっ か 二十四日 니쥬-욕카
25일 に じゅう ご にち 二十五日 니쥬-고니치	26일 に じゅうろくにちにち 二十六日 니쥬-로쿠니치	27일 に じゅうしちにち 二十七日 니쥬-시치니치	28일 に じゅうはちにち 二十八日 니쥬-하치니치
29일 に じゅう く にち 二十九日 니쥬-쿠니치	30일 さんじゅうにち 三十日 산쥬-니치	31일 さんじゅういちにち 三十一日 산쥬-이치니치	

관련대화

A : 오늘은 몇 월 며칠인가요?
きょう　　なんがつ なんにち
今日は 何月 何日ですか?
쿄-와 난가츠 난니치데스카

B : 오늘은 1월 10일입니다.
きょう　　　いちがつ とお か
今日は 一月 十日です。
쿄-와 이치가츠 토-카데스

관련단어

| 달력 | カレンダー | 카렌다- |
| 다이어리 | ダイアリー | 다이아리- |

건국기념일	建国記念の日 (けんこくきねんのひ)	켄코쿠키넹노히
춘분	春分 (しゅんぶん)	슌붕
추분	秋分 (しゅうぶん)	슈-붕
골든위크	ゴールデンウィーク	고-루덴위-쿠

* 골든위크 : 4월 말에서 5월 초에 걸친, 1년 중 휴일이 가장 많은 주간; 황금 주간

쇼와의날 (천황탄신일)	昭和の日 (しょうわのひ)	쇼-와노히
녹색의 날	みどりの日 (ひ)	미도리노히
성년의 날	成人の日 (せいじんのひ)	세이징노히

Unit 05 시간

새벽 よあ 夜明け 요아케	아침 あさ 朝 아사	오전 ごぜん 午前 고젠
점심 ひる 昼 히루	오후 ごご 午後 고고	저녁 よい 宵 요이
밤 よる 夜 요루	시 じ 時 지 / 분 ぶん 分 분	초 びょう 秒 보―
어제 きのう 昨日 키노우	오늘 きょう 今日 쿄―	내일 あした 明日 아시타
내일모레 あさって 明後日 아샷테	반나절 はんにち 半日 한니치	하루 いちにち 一日 이치니치

관련대화

A : 가와모또상은 언제 한국에 놀러오나요?
かわもと　　　　　いつ　かんこく　　あそ　　　き
川本さんは いつ 韓国へ 遊びに 来ますか?
카와모토상와 이츠 칸코쿠헤 아소비니 키마스카

B : 내일 한국에 와요.
あした かんこく　　き
明日 韓国へ 来ます。
아시타 칸코쿠헤 키마스

A : 몇 시 도착 예정인가요?
何時に 到着 予定ですか?
난지니 토-챠쿠 요테이데스카

B : 오후 3시 30분 도착 예정이에요.
午後 三時 三十分 到着 予定です。
고고 산지 산줏풍 토우챠쿠 요테이데스

A : 한국에는 언제까지 있나요?
韓国には いつまで いらっしゃいますか?
칸코쿠니와 이츠마데 이랏샤이마스카

B : 다음 주 화요일까지 있습니다.
来週火曜日まで います。
라이슈-카요비마데 이마스스

A : 알겠습니다. 그럼 제가 내일 점심을 살게요.
分かりました。では、私が 明日 昼御飯を おごります。
와키리마시타. 데와, 와타시가 아시타 히루고항오 오고리마스

관련단어

지난주	先週	센슈-
이번주	今週	곤슈-
다음주	来週	라이슈-
일주일	一週間	잇슈-칸
한달	一ヶ月	잇카게츠
일년	一年	이치넹

Chapter 05 계절/달/요일

Chapter 06 자연과 우주

Unit 01 날씨 표현

맑다 きよ 清い 키요이 	따뜻하다 あたた 暖かい 아타타카이	화창하다 うら 麗らかだ 우라라카다
덥다 あつ 暑い 아츠이	흐리다 くも 曇る 쿠모루 	안개 끼다 かすみ 霧が かかる 카스미 카카루
비가 오다 あめ ふ 雨が 降る 아메가 후루	비가 그치다 あめ や 雨が 止む 아메가 야무 	습하다 しと 湿る 시토루 
무지개가 뜨다 にじ で 虹が 出る 니지가 데루 	장마철이다 つゆ は 梅雨に 入いる 츠유니 하이루 	
천둥 치다 かみなり な 雷が 鳴る 카미나리가 나루 	번개 치다 いなずま はし 稲妻が 走る 이나즈마가 하시루 	바람이 불다 かぜ ふ 風が 吹く 카제가 후쿠 

| 시원하다
こころよ
快い
코코로요이  | 태풍이 몰아치다
たいふう
台風が
ふ　　つ
吹き付ける
타이후-가 후키츠케루  |

| 눈이 내리다
ゆき　　ふ
雪が 降る
유키가 후루 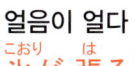 | 얼음이 얼다
こおり　は
氷が 張る
고오리가 하루  | 선선하다
すず
涼しい
스즈시이  |

| 쌀쌀하다
すがすが
清清しい
스가스가시이  | 춥다
さむ
寒い
사무이  | 서리가 내리다
しも　　お
霜が 降りる
시모가 오리루 |

관련대화

A : 내일 날씨는 어때요?
あした　　てんき
明日の 天気は どうですか?
아시타노 텡키 도우데스카

B : 내일은 덥습니다.
あした　　あつ
明日は 暑いです。
아시타와 아츠이데스

Unit 02 날씨 관련

해 たいよう 太陽 타이요- 	구름 くも 雲 쿠모 	비 あめ 雨 아메 
바람 かぜ 風 카제 	눈 ゆき 雪 유키 	고드름 つらら 氷柱 츠라라 
별 ほし 星 호시	달 つき 月 츠키 	우주 うちゅう 宇宙 우츄- 
우박 ひさめ 氷雨 히사메 	홍수 こうずい 洪水 코우즈이 	가뭄 ひで 日照り 히데리 
지진 じしん 地震 지신 		자외선 しがいせん 紫外線 시가이센 
열대야 ねったいや 熱帯夜 렛타이야 		오존층 そう オゾン層 오존소- 
화산(화산폭발) かざん 火山 카장 かざんばくはつ 火山爆発 카장바쿠하츠		

관련대화

A : 오늘 날씨는 어때요?
今日の 天気は どうですか?
쿄-노 텐키와 도우데스카

B : 오늘은 비가 와요.
今日は 雨です。
쿄-와 아메데스

관련단어

토네이도	トルネード	토루네-도
고기압	高気圧	코-키아츠
한랭전선	寒冷前線	칸레이젠센
온도	温度	온도
한류	寒流	칸류-
난류	暖流	단류-
저기압	低気圧	테이키아츠
일기예보	天気予報	텐키요호-
계절	季節	키세츠
화씨	華氏	카시
섭씨	摂氏	셋시
연무	煙霧	엔무

Chapter 06 자연과 우주

아지랑이	陽炎 (かげろう)	카게로-
서리	霜 (しも)	시모
진눈깨비	霙 (みぞれ)	미조래
강우량	降雨量 (こううりょう)	고-우료-
미풍	微風 (びふう)	비후-
돌풍	突風 (とっぷう)	톳푸-
폭풍	暴風 (ぼうふう)	보-후-
대기	大気 (たいき)	타이키
공기	空気 (くうき)	쿠-키

Unit 03 우주 환경과 오염

지구 ちきゅう 地球 치큐- 	수성 すいせい 水星 스이세이 	금성 きんせい 金星 킨세이 
화성 かせい 火星 카세이 	목성 もくせい 木星 모쿠세이 	토성 どせい 土星 도세이 
천왕성 てんのうせい 天王星 텐노우세이	명왕성 めいおうせい 冥王星 메이오-세이 	태양계 たいようけい 太陽系 타이요우케이 
외계인 うちゅうじん 宇宙人 우츄-징 	행성 わくせい 惑星 와쿠세이 	은하계 ぎんがけい 銀河系 긴가케이 

북두칠성 ほくとしちせい 北斗七星 호쿠토시치세이 	카시오페이아 カシオペア 카시오페아 
큰곰자리 おおくまざ お熊座 오오구마자 	작은곰자리 こくまざ 小熊座 코쿠마자 
환경 かんきょう 環境 칸쿄- 	파괴 はかい 破壊 하카이 

Chapter 06 자연과 우주

멸망 はめつ 破滅 하메츠		재활용 さいりよう 再利用 사이리요우 
쓰레기 ごみ 塵 고미		쓰레기장 ごみすてば 塵捨て場 고미스테바 
하수 げすい 下水 게스이	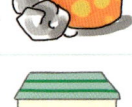	폐수 はいすい 廃水 하이스이 
오염 おせん 汚染 오센		생존 せいぞん 生存 세-존 
자연 しぜん 自然 시젠		유기체 ゆうきたい 有機体 유-키타이 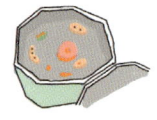
생물 せいぶつ 生物 세이부츠		지구온난화 ちきゅうおんだんか 地球温暖化 치큐-온단카 
보름달 まんげつ 満月 만게츠		반달 はんげつ 半月 한게츠 

초승달 みかづき 三日月 미카즈키 	유성 ながれぼし 流れ星 나가레보시 	위도 いど 緯度 이도 

경도 けいど 経度 케이도 	적도 せきどう 赤道 세키도우 	일식 にっしょく 日食 닛쇼쿠 

관련대화

A : 명왕성이 태양계에서 소멸된 게 몇 년도이죠?
　　冥王星が 太陽系で 消滅したのが 何年度ですか?
　　메이오-세이가 타이요우케-데 쇼-메츠시타노가 난넹도데스카

B : 2006년도요.
　　2006年です。
　　니센로쿠넹데스

Unit 04 동식물

포유류 哺乳類 호뉴-루이

사슴 しか 鹿 시카 	고양이 ねこ 猫 네코 	팬더(판다) パンダ 판다
사자 しし 獅子 시시 	호랑이 とら 虎 토라 	기린 きりん 麒麟 키린 
곰 くま 熊 쿠마 	다람쥐 りす 栗鼠 리스 	낙타 らくだ 駱駝 라쿠다 
염소 やぎ 山羊 야기 	표범 ひょう 豹 효- 	여우 きつね 狐 키츠네 
늑대 おおかみ 狼 오오카미 	돌고래 いるか 海豚 이루카 	코알라 コアラ 코아라 
양 ひつじ 羊 히츠지 	코끼리 ぞう 象 조우 	돼지 ぶた 豚 부타 
말 うま 馬 우마 	원숭이 さる 猿 사루 	하마 かば 河馬 카바 

얼룩말 しまうま 縞馬 시마우마 	북극곰 ほっきょくぐま 北極熊 홋쿄쿠구마	바다표범 あざらし 海豹 아자라시 
두더지 もぐら 土竜 모구라 	개 いぬ 犬 이누 	코뿔소 さい 犀 사이 
쥐 ねずみ 鼠 네즈미 	소 うし 牛 우시 	토끼 うさぎ 兎 우사기 
레드판다 レッドパンダ 렛토판다  		캥거루 カンガルー 칸가루- 

곤충/거미류 昆虫類 / 蜘蛛類 콘츄-루이 / 쿠모루이

모기 か 蚊 카 	파리 はえ 蠅 하에 	벌 はち 蜂 하치 
잠자리 とんぼ 蜻蛉 돈보 	거미 くも 蜘蛛 쿠모 	매미 せみ 蟬 세미 
바퀴벌레 ゴキブリ 고키부리  	귀뚜라미 こおろぎ 蟋蟀 코오로기 	풍뎅이 こがねむし 黄金虫 코가네무시 

무당벌레 てんとうむし 天道虫 텐토우무시	반딧불이 ほたる 蛍 호타루 	
메뚜기 バッタ 밧타 	개미 あり 蟻 아리	사마귀 かまきり 카마키리
나비 ちょう 蝶 쵸- 	전갈 さそり 蠍 사소리 	소금쟁이 あめんぼ 水馬 아멘보 

조류 鳥類 쵸-루이

독수리 はげわし 禿鷲 하게와시 	박쥐 こうもり 蝙蝠 코-모리 	부엉이 みみずく 木菟 미미즈쿠 
매 はやぶさ 隼 하야부사 	까치 かささぎ 鵲 카사사기 	까마귀 からす 烏 카라스 
참새 すずめ 雀 스즈메 	학 つる 鶴 츠루 	오리 かも 鴨 카모 
펭귄 ペンギン 펭긴 	제비 つばめ 燕 츠바메 	닭 とり 鶏 토리 

공작 	앵무새 	기러기 
くじゃく 孔雀 쿠쟈쿠	おうむ 鸚鵡 오-무	かり 雁 카리

거위 	비둘기 	딱따구리 
ガチョウ 가쵸-	はと 鳩 하토	きつつき 啄木鳥 키츠츠키

파충류/양서류 爬虫類/両生類 하츄-루이 / 료-세이루이

보아뱀	달팽이 	도마뱀 
ボア 보아	かたつむり 蝸牛 카타츠무리	とかげ 蜥蜴 토카게

이구아나 	코브라 	두꺼비 
イグアナ 이구아나	コブラ 코부라	たにぐく 谷蟆 타니구쿠

올챙이 	도롱뇽 	개구리 
お玉じゃくし 오타마쟈쿠시	さんしょううお 山椒魚 산쇼-우오	かえる 蛙 카에루

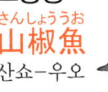

악어 	거북이 	뱀 
わに 鰐 와니	かめ 亀 카메	へび 蛇 헤비

지렁이 	카멜레온 	
みみず 蚯蚓 미미즈	カメレオン 카메레온	

관련대화

A : 어떤 동물을 좋아해요?
　 どんな 動物が 好きですか?
　 돈나 도우부츠가 스키데스카

B : 저는 사슴을 좋아해요.
　 私は 鹿が 好きです。
　 와타시와 시카가 스키데스

A : 모기는 정말 위험한 벌레인 거 같아요.
　 蚊は 本当に 危険な 虫だと 思います。
　 카와 혼토-니 키켄나 무시다토 오모이마스

B : 그죠, 저는 모기가 제일 싫어요.
　 そうでしょう、私は 蚊が 一番 嫌いです。
　 소우데쇼-, 와타시와 카가 이치방 키라이데스

관련단어

더듬이	触角	속카쿠
번데기	蛹	사나기
알	卵	타마고
애벌레	幼虫	요우츄-
뿔	角	츠노
발톱	爪	츠메

꼬리	尻尾 (しっぽ)	싯포
발굽	蹄 (ひづめ)	히즈메
동면하다	眠冬する (みんとう)	토-민스루
부리	くちばし	쿠치바시
깃털	羽毛 (うもう)	우모우
날개	羽 (はね)	하네
둥지	鳥の巣 (とのす)	토노스
희귀동물	珍獣 (ちんじゅう)	친쥬-

어류/연체동물/갑각류 魚類 / 軟体動物 / 甲殻類
교루이, 난타이도우부츠, 코우카쿠루이

연어 しろざけ 白鮭 시로자케 	잉어 こい 鯉 코이 	쉬리 ヤガタムギツク 야가타무긴츠쿠
대구 たら 鱈 타라 	복어 ふぐ 河豚 후구 	문어 たこ 蛸 타코 
오징어 いか 烏賊 이카 	꼴뚜기 いいだこ 飯蛸 이이다코 	낙지 て ながたこ 手長蛸 테나가타코
게 かに 蟹 카니 	새우 えび 蝦 에비 	가재 ざりがに 蝲蛄 자리가니 
메기 なまず 鯰 나마즈 	상어 さめ 鮫 사메 	해파리 くらげ 水母 쿠라게 
조개 かい 貝 카이 	불가사리 ひとで 海星 히토데 	

🩷 관련대화

A : 문어 다리가 몇 개인지 아세요?

蛸の足が 何個か 知ってますか?
타코노 아시가 난코카 싯테마스카

B : 8개 아닌가요?

八個じゃ ないですか?
하치고쟈 나이데스카

A : 네, 맞아요.

はい、そうです。
하이, 소우데스

🩷 관련단어

비늘	鱗 (うろこ)	우로코
아가미	あぎと	아기토
물갈퀴발	水掻き (みずかき)	미즈카키
지느러미	鰭 (ひれ)	히레

식물(꽃/풀/야생화/나무)

무궁화 むくげ 槿 무쿠게	코스모스 コスモス 코스모스	수선화 すいせん 水仙 스이센 
장미 ばら 薔薇 바라 	데이지 デージー 데-지-	아이리스 アイリス 아이리스 
동백꽃 つばき はな 椿の花 츠바키노하나	벚꽃 さくら 桜 사쿠라 	나팔꽃 あさがお 朝顔 아사가오
라벤더 ラベンダー 라벤다-	튤립 チューリップ 츄-릿푸 	제비꽃 すみれ 스미레
안개꽃 かすみそう 霞草 카스미소우	해바라기 ひまわり 向日葵 히마와리 	진달래 つつじ 躑躅 츠츠지 
민들레 たんぽぽ 蒲公英 탄포포 	캐모마일 カモミール 카모미-루 	클로버 クローバー 쿠로-바- 
강아지풀 えのころぐさ 狗尾草 에노코로구사 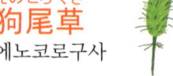	갈퀴나물 つるふじばかま 蔓藤袴 츠로후지바카마	고사리 わらび 蕨 와라비 
잡초 ざっそう 雑草 잣소-	억새풀 すすき 薄 스스키	소나무 まつ 松 마츠 

메타세콰이아 メタセコイア 메타세코이아	감나무 柿の木 카키노키 	사과나무 林檎の木 린고노키 
석류나무 柘榴の木 자쿠로노키	밤나무 栗の木 쿠리노키	은행나무 銀杏 이쵸- 
배나무 梨の木 나시노키 	양귀비꽃 ケシの花 케시노하나 	

관련단어

뿌리	根っこ	넷코
잎	葉	하
꽃봉오리	蕾	츠보미
꽃말	花言葉	하나코토바
꽃가루	花粉	카훈
개화기	開花期	카이카키
낙엽	落ち葉	오치바
단풍	紅葉	모미지
거름	肥やし	코야시
줄기	乳草	치치쿠사

Chapter 07 주거 관련

Unit 01 집의 종류

① 아파트
アパート
아파-토

② 전원주택
でんえんじゅうたく
田園住宅
덴엔쥬-타쿠

③ 일반주택
いっぱんじゅうたく
一般住宅
이반쥬-타쿠

④ 맨션
マンション
만숀

⑤ 오피스텔
オフィステル
오피스테루

⑥ 레오팔레스
レオパレス
레오파레스

⑦ 다다미집
たたみ　　いえ
畳がある家
타타미가 아루 이에

⑧ UR주택
じゅうたく
UR住宅
유아루쥬타쿠

⑨ 임대주택
ちんたいじゅうたく
賃貸住宅
친타이쥬-타쿠

⑩ 하이츠
ハイツ
하이츠

⑪ 코포
コーポ
코-포

⑫ 별장
べっそう
別荘
벳소-

관련대화

A : 지금 어떤 집에서 살고 있나요?
今 どんな 家に 住んでますか?
이마 돈나 이에니 슨데마스카

B : 저는 아파트에서 살고 있어요.
私は アパートに 住んでます。
와타시와 아파-토니 슨데마스

관련단어

살다	住む	스무
주소	住所	쥬-쇼
임차인	賃借人	친샤쿠닝
임대인	賃貸人	친타이닝
가정부	家政婦	카세이후
월세	家賃	야칭

Unit 02 집의 부속물

① 대문
おおもん
大門
오-몬

② 담
へい
塀
헤이

③ 정원
にわ
庭
니와

④ 우편함
ゆうびん う
郵便受け
유-빙우케

⑤ 차고
しゃ こ
車庫
샤코

⑥ 진입로
しんにゅう ろ
進入路
신뉴-로

⑦ 굴뚝
えんとつ
煙突
엔토츠

⑧ 지붕
や ね
屋根
야네

⑨ 계단
かいだん
階段
카이단

⑩ 벽
かべ
壁
카베

⑪ 발코니
バルコニー
바루코니-

⑫ 창고
そう こ
倉庫
소-코

⑬ 다락방
や ね うら べ や
屋根裏部屋
야네우라베야

⑭ 옥상
おくじょう
屋上
오쿠죠-

⑮ 현관
げんかん
玄関
겐캉

⑯ 지하실 ちかしつ 地下室 치카시츠	⑰ 위층 じょうかい 上階 죠-카이	⑱ 아래층 かそう 下層 카소-
⑲ 안마당 뜰 まえにわ 前庭 마에니와	⑳ 기둥 はしら 柱 하시라	㉑ 울타리 かきね 垣根 카키네
㉒ 자물쇠 じょう 錠 죠-		

관련대화

A : 어떤 집을 사시려고요?
　どんな 家を 買うつもりですか?
　돈나 이에오 카우츠모리데스카

B : 정원이 있는 집을 사려고 합니다.
　庭が ある 家を 買うつもりです。
　니와가 아루 이에오 카우츠모리데스

Chapter 07 주거 관련

Unit 03 거실용품

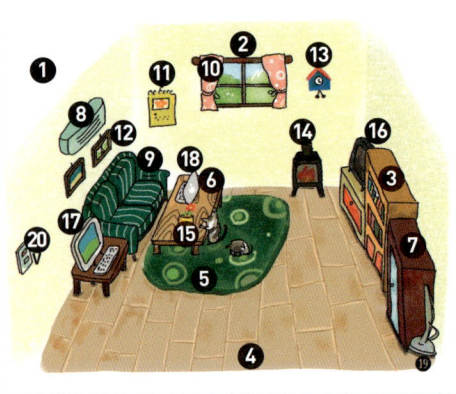

		① 거실 リビング 리빙구
		② 창문 まど 窓 마도
		③ 책장 ほんだな 本棚 혼다나
④ 마루 ゆか 床 유카	⑤ 카펫 カーペット 카-펫토	⑥ 테이블 テーブル 테-부루
⑦ 장식장 コモード 코모-도	⑧ 에어컨 エアコンディショナー 에아콘디쇼나-	⑨ 소파 ソファ 소화-
⑩ 커튼 カーテン 카-텐	⑪ 달력 カレンダー 카렌다-	⑫ 액자 がく 額 가쿠
⑬ 시계 とけい 時計 토케이	⑭ 벽난로 だんろ 暖炉 단로	⑮ 꽃병 かびん 花瓶 카빈

⑯ 텔레비전	⑰ 컴퓨터	⑱ 노트북
テレビジョン	コンピューター	ノートパソコン
테레비죵	콘퓨-타-	노-토파소콘
⑲ 진공청소기	⑳ 스위치를 끄다	㉑ 스위치를 켜다
真空掃除機	スイッチを 消す	スイッチを 点ける
싱쿠-소-지키	스잇치오 케스	스잇치오 츠케루

관련대화

A : 소파가 너무 이뻐요. 어디서 샀나요?

ソファが とても きれいです。どこで 買いましたか?
소화가 토테모 키레이데스. 도코데 카이마시타카

B : 이케아에서 샀어요. 이케아 물건은 싸고 이뻐요.

イケアで 買いました。イケア 製品は 安いし きれいです。
이케아데 카이마시타. 이케아 세이힝와 야스이시 키레이데스

Unit 04 침실용품

① 침대 しんだい 寝台/ベッド 신다이/ 벳토	② 자명종/알람시계 め ざ　 ど けい 目覚まし時計 메자마시도케이	③ 매트리스 マットレス 맛토레스
④ 침대시트 ベッドのシーツ 벳도노시-츠	⑤ 슬리퍼 スリッパ 스릿파	⑥ 이불 ふ とん 布団 후통
⑦ 베개 まくら 枕 마쿠라	⑧ 화장대 け しょうだい 化粧台 케쇼-다이	⑨ 화장품 け しょうひん 化粧品 케쇼-힝
⑩ 옷장 たん す 箪笥 탄스	⑪ 잠옷 ね ま 寝巻き 네마키	⑫ 쿠션 クッション 쿳숀

⑬ 쓰레기통 ごみばこ **塵箱** 고미바코	⑭ 천장 てんじょう **天井** 덴죠-	⑮ 전등 でんき **電気** 뎅키
⑯ 스위치 **スイッチ** 스잇치	⑰ 공기청정기 くうき せいじょうき **空気清浄機** 쿠-키세이죠-키	⑱ 일어나다 お **起きる** 오키루
⑲ 자다 ね **寝る** 네루		

관련대화

A : 매일 아침 몇 시에 일어나시나요?
まいあさ なんじ　　　お
毎朝 何時に 起きますか?
마이아사 난지니 오키마스카

B : 저는 매일 아침 8시에 일어납니다.
わたし　　まいあさ はちじ　　お
私は 毎朝 八時に 起きます。
와타시와 마이아사 하치지니 오키마스

Unit 05 주방

① 냉장고 れいぞうこ **冷蔵庫** 레이조-고	② 전자레인지 でんし **電子レンジ** 덴시렌지	③ 환풍기 かんきせん **換気扇** 칸키센
④ 가스레인지 **ガスレンジ** 가스렌지	⑤ 싱크대 なが **流し** 나가시	⑥ 주방조리대 ちゅうぼうちょうりだい **厨房調理台** 츄-보-쵸-리다이
⑦ 오븐 **オーブン** 오-븐	⑧ 수납장 たな **棚** 타나	⑨ 접시걸이선반 とだな **戸棚** 토다나
⑩ 식기세척기 しょっきあらき **食器洗い機** 숏키아라이키	⑪ 에어컨 **エアコンディショナー** 에아콘디쇼나-	

관련대화

A : 환풍기 작동이 안 되네요.
　　換気扇が 動きません。
　　칸키센가 우고키마셍

B : 저는 수리공을 불렀어요.
　　私は 修理屋さんを 呼びました。
　　와타시와 슈-리야상오 요비마시타

Unit 06 주방용품

도마 まな<ruby>板<rt>いた</rt></ruby> 마나이타 	프라이팬 フライパン 후라이판	믹서기 ミキサー 미키사- 
주전자 <ruby>薬缶<rt>やかん</rt></ruby> 야칸 	앞치마 エプロン 에프론 	커피포트 コーヒーポット 코-히-폿토
전기밥솥 <ruby>炊飯器<rt>すいはんき</rt></ruby> 스이한키 	뒤집개 フライ<ruby>返<rt>がえ</rt></ruby>し 후라이가에시	주걱 へら 헤라 
칼 <ruby>包丁<rt>ほうちょう</rt></ruby> 호-쵸- 	머그컵 マグカップ 마구캇푸 	
토스터기 トースター<ruby>機<rt>き</rt></ruby> 토-스타-키	국자 おたま 오타마 	
냄비 <ruby>鍋<rt>なべ</rt></ruby> 나베 	수세미 <ruby>束子<rt>たわし</rt></ruby> 다와시 	
주방세제 <ruby>食器用洗剤<rt>しょっきようせんざい</rt></ruby> 숏키요-센자이 	알루미늄호일 アルミホイル 아루미호이루 	
병따개 <ruby>栓抜<rt>せんぬ</rt></ruby>き 센누키	젓가락 はし 하시 	포크 フォーク 표-크 

숟가락 さじ 匙 사지 スプーン 스푼-	접시 さら 皿 사라	소금 しお 塩 시오
후추 こしょう 胡椒 코소-	조미료 ちょうみりょう 調味料 쵸-미료-	음식을 먹다 た もの 食べ物を た 食べる 타베모노오 타베루

관련대화

A : 요리는 조미료와 정성이죠.
りょうり ちょうみりょう
料理は 調味料と まごころでしょう。
요-리와 쵸-미료토 마고코로데쇼-

B : 그렇지만 음식에 화학조미료를 너무 많이 넣는 건 좋지 않은 거 같아요.
た もの かがくちょうみりょう い
でも、食べ物に 化学 調味料を 入れすぎるとよくないと
おも
思います。
데모, 타베모노니 카가쿠 쵸-미료-오 이레스기루토요쿠나이토 오모이마스

A : 그건 그래요.
それは そうです。
소레와 소우데스

Unit 07 욕실용품

① 거울 かがみ 鏡 카가미	② 드라이기 ドライヤー 도라이야–	③ 세면대 せんめんだい 洗面台 센멘다이
④ 면도기 かみそり 剃刀 카미소리	⑤ 면봉 めんぼう 綿棒 멘보–	⑥ 목욕바구니 もくよく 沐浴かご 모쿠요쿠카고
⑦ 바디로션 ボディーローション 보디–로–숀	⑧ 배수구 はいすいこう 排水溝 하이스이코우	⑨ 변기 べんき 便器 벤키
⑩ 비누 せっけん 石鹸 셋켕	⑪ 욕실커튼 よくしつ 浴室カーテン 요쿠시츠카텐	⑫ 빗 くし 櫛 쿠시
⑬ 샤워가운 シャワーガウン 샤와–가운	⑭ 샤워기 き シャワー機 샤와–키	⑮ 샴푸 シャンプー 샨푸

⑯ 린스 リンス 린스	⑰ 수건걸이 タオル掛け 다오루카케	⑱ 수건 手拭/タオル 테누구이/타오루
⑲ 수도꼭지 蛇口 쟈구치	⑳ 욕실매트 浴室マット 요구시츠맛토	㉑ 욕조 浴槽 요쿠소-
㉒ 체중계 体重計 타이쥬케이	㉓ 치약 歯磨き 하미가키	㉔ 칫솔 歯ブラシ 하부라시
㉕ 화장지 ちり紙 치리가미	㉖ 치실 フロス 후로스	

관련단어

이를 닦다	歯を磨く	하오 미가쿠
헹구다	濯ぐ	스스구
씻어내다	洗い上げる	아라이아게루
말리다	乾かす	카와카스
면도를 하다	剃りをいれる	소리오이레루
머리를 빗다	髪を かく	카미오 카쿠
샤워를 하다	シャワーを する	샤와-오 스루
변기에 물을 내리다	便器に 水を 流します	벤키니 미즈오 나가시마스
머리를 감다	髪を 洗う	카미오 아라우
목욕하다	お風呂に 入る	오후로이 하이루

Chapter 08 음식

Unit 01 과일

렌우 レンブ 렌부	용안 リュウガン 류-간	여지 レイシ 레이시
망고 マンゴー 망고-	비파 ビワ 비와	망고스틴 マンゴスチン 망고스친
산사 山楂子(さんざし) 산자시	양매 ヤマモモ 야마모모	양다래 キーウィフルーツ 키-위후루-츠
유자 柚子(ゆず) 유즈	하미과 ハミウリ 하미우리	홍마오단 ランブータン 란부-탄
사과 林檎(りんご) 링고	배 梨(なし) 나시	귤 蜜柑(みかん) 미캉

수박 すいか 西瓜 스이카	포도 ぶどう 葡萄 부도-	복숭아 もも 桃 모모
멜론 メロン 메론	앵두 おうとう 桜桃 오-도-	오렌지 オレンジ 오렌지
레몬 レモン 레몬	바나나 バナナ 바나나	자두 すもも 李 스모모
두리안 ドリアン 도리안	살구 あんず 杏 안즈	감 かき 柿 카키
참외 うり 瓜 우리	파인애플 パイナップル 파이낫푸루	키위 キーウィ 키-위
코코넛 ココナッツ 코코낫츠	사탕수수 さとうきび 砂糖黍 사토우키비	구아바 グアバ 구아바
밤 くり 栗 쿠리	대추 なつめ 棗 나츠메	딸기 いちご 苺 이치고
건포도 ほしぶどう 干し葡萄 호시부도우	체리 チェリー 체리-	블루베리 ブルーベリー 부루-베리-

라임 ライム 라이무 	무화과 無花果(いちじく) 이치지쿠 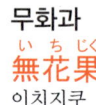	석류 ザクロ 자쿠로 

관련대화

A : 무엇을 사시겠습니까?
何(なに)を 買(か)いますか?
나니오 카이마스카

B : 렘부 한 근에 얼마예요?
レンブ 一斤(いっきん) いくらですか?
렌부 잇킹 이쿠라데스카

A : 500엔입니다.
五百円(ごひゃくえん)です。
고햐쿠엔데스

B : 한 근 주세요.
一斤(いっきん) 下(くだ)さい。
잇킹 쿠다사이

Unit 02 채소, 뿌리식물

고수나물 パクチー 파쿠치- 	공심채 ヨウサイ 요우사이	청경채 アブラナ 아부라나 
호박 かぼちゃ 카보챠	당근 ニンジン 닝징	피망 ピーマン 피-망 
버섯 きのこ 키노코 	감자 芋(いも) 이모 	고추 唐辛子(とうがらし) 토-가라시 
토마토 トマト 토마토	무 大根(だいこん) 다이콘 	배추 白菜(はくさい) 하쿠사이 
마늘 にんにく 닌니쿠 	우엉 ごぼう 고보- 	상추 サンチュ 산츄 
시금치 ほうれんそう 호-렌소-	양배추 キャベツ 캬베츠 	브로콜리 ブロッコリー 부롯코리- 
양파 玉葱(たまねぎ) 타마네기	단호박 カボチャ 카보챠 	고구마 さつまいも 사츠마이모 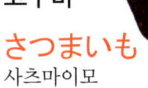

Chapter 08 음식

오이 きゅうり 胡瓜 큐-리 	파 ねぎ 葱 네기 	콩나물 まめ 豆もやし 마메모야시 
생강 しょうが 生薑 쇼-가 	미나리 せり 세리 	옥수수 とうもろこし 토-모로코시 
가지 なす 茄子 나스 	송이버섯 まつたけ 松茸 마츠타케 	죽순 たけのこ 竹の子 타케노코 
더덕 つるにんじん 蔓人参 츠루닌징	도라지 ききょう 桔梗 키쿄-	깻잎 エゴマの葉 에고마노하
고사리 わらび 蕨 와라비 	청량고추 からいとんがらし 辛い唐辛子 카라이 톤가라시	팽이버섯 えのきたけ えのき茸 에노키타케
올리브 オリーブ 오리-부 	쑥갓 きくな 菊菜 키쿠나 	
인삼 にんじん 人参 닌진 	홍삼 ホンサム 홍사무 	

관련대화

A : 고수나물 한 근에 얼마예요?

コリアンダー 一斤(いっきん) いくらですか?

코리안타- 잇킹 이쿠라데스카

B : 100엔 입니다.

百円(ひゃくえん)です。

잇햐쿠엔데스

A : 싱싱한 것으로 한 근 주세요.

新鮮(しんせん)なものを 一斤(いっきん) 下(くだ)さい。

신센나모노오 잇킹 쿠다사이

Unit 03 수산물, 해조류

오징어 いか 烏賊 이카	송어 マス 마스 	우럭 むらそい 무라소이 
가물치 らいぎょ 雷魚 라이교	고등어 さば 鯖 사바 	참조기 シログチ 츠로구치 
메기 ナマズ 나마즈 	복어 ふぐ 河豚 후구	새우 えび 蝦 에비 
대구 たら 鱈 타라	연어 しろざけ 白鮭 시로자케 	전복 あわび 鮑 아와비 
가리비 조개 ほたてがい 帆立貝 호타테가이 	갈치 たちうお 太刀魚 가치우오 	게 かに 蟹 카니 
잉어 りぎょ 鯉魚 리교 	붕어 ふな 鮒 후나 	문어 たこ 章魚 타코 
가재 ざりがに 蝲蛄 자리가니 	민어 ニベ 니베 	멍게 ホヤ 호야 

성게 ウニ 우니	방어 ぶり 鰤 부리	해삼 な まこ 海鼠 나마코
명태 すけそうだら 助宗鱈 스케소-다라	삼치 さわら 鰆 사와라	미더덕 エボヤ 에보야
굴 せっ か 石花 셋카	광어 ヒラメ 히라메	고래 くじら 鯨 쿠지라
북어 ほ めん太 干し明太 호시멘타이	미역 わかめ 若布 와카메	김 の り 海苔 노리

관련대화

A : 고래고기 먹어본 적 있어요?

げいにく た
鯨肉 食べたことが ありますか?

게이니쿠 타베타코토가 아리마스카

B : 그럼요. 고래고기는 정말 맛있어요.

げいにく ほんとう お い
もちろんです。鯨肉は 本当に 美味しいです。

모치론데스. 게이니쿠와 혼토-니 오이시이데스

Unit 04 육류

소고기 牛肉 규-니쿠		돼지고기 豚肉 부타니쿠	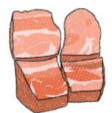
닭고기 鶏肉 도리니쿠		칠면조 七面鳥 시치멘쵸-	
베이컨 ベーコン 베-콘		햄 ハム 하무	
소시지 ソーセージ 소-세-지	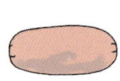	육포 干し肉 호시니쿠	
양고기 羊肉 요-니쿠	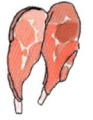	달걀 卵 타마고	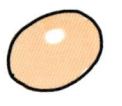

관련대화

A : 이 음식은 무엇입니까?
この 食べ物は 何ですか?
코노 타베모노와 난데스카

B : 소고기로 만든 볶음요리예요.
牛肉で 作った 炒め物です。
규-니쿠데 츠쿳타 이타메모노데스

Unit 05 음료수

콜라 コーラ 코라	**사이다** サイダー 사이다-	**커피** コーヒー 고-히- 
핫초코 ホットチョコレート 홋토쵸코레-토	**식혜** シッケ 식케 	**녹차** りょくちゃ 緑茶 료쿠챠 
우롱차 ちゃ ウーロン茶 우-롱챠 	**밀크티** ミルクティー 미루쿠티-	**밀크버블티** ミルクバブルティー 미루쿠바부루티- 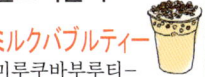
우유 ぎゅうにゅう 牛乳 규-뉴- 	**두유** とうにゅう 豆乳 토-뉴- 	**생수** ミネラルウォーター 미네라우워-타-
오렌지쥬스 オレンジジュース 오렌지쥬-스 	**레모네이드** 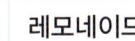レモネード 레모네-도 	**요구르트** ヤクルト 야쿠루토 

관련대화

A : 무엇을 드시겠습니까?
　　なに　　め　あが
　　何を 召し上りますか?
　　나니오 메시아가리마스카

Chapter 08 음식

135

B : 커피 네 잔 주세요.

> コーヒー 四杯 下さい。
> 코-히- 욘하이 쿠다사이

A : 어떤 커피로 하시겠습니까?

> どんな コーヒーに しますか?
> 돈나 고-히-니 시마스카

B : 어떤 종류가 있나요?

> どんな 種類が ありますか?
> 돈나 슈루이가 아리마스카

A : 블랙커피와 카푸치노 커피가 있습니다.

> ブラックコーヒーと カプチーノが あります。
> 브락쿠코-히- 카푸치-노가 아리마스

B : 4잔 모두 블랙커피로 주세요.

> 四杯 全部ブラックコーヒーで下さい。
> 욘하이 젠부 브락쿠코-히-데 쿠다사이

Unit 06 가공식품 및 요리재

치즈 チーズ 치-즈	요거트 ヨーグルト 요-구루토 
아이스크림 アイスクリーム 아이스쿠리-무	분유 こな 粉ミルク 코나미루쿠 
버터 バター 바타- 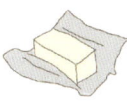	참치 かん ツナ缶 츠나칸 
식용유 しょくよう ゆ 食用油 쇼쿠요-유 	간장 しょう ゆ 醤油 쇼-유 
소금 しお 塩 시오 	설탕 さ とう 砂糖 사토우 
식초 す 酢 스 	참기름 あぶら ごま油 고마아부라 
후추 こ しょう 胡椒 코쇼- 	와사비 わ さ び 山葵 와사비 

된장 味噌 미소		**가츠오부시** かつお節 가츠오부시	

관련대화

A : 이 음식 식초를 많이 넣어서 새콤해서 맛있어요.
　　この 食べ物は 酢を たくさん 入れたので、少し酸っぱくて美味しいです。
　　코노 타베모노와 스오 타쿠상 이레타노데, 스코시숫바쿠테 오이시이데스

B : 제가 새콤한 맛을 좋아해서요. 맛있게 먹어줘서 고마워요
　　私が 少し酸っぱい 味を 好きなんです、美味しく食べてくれてありがとうございます。
　　와타시가 스코시숫바이 아지오 스키난데스, 오이시쿠 타베테쿠레테 아리가토우고자이마스

Unit 07 한일 대표요리

한국요리

| 라면
ラーメン
라-멘  | 냉면
れいめん
冷麺
레이멘  | 삼계탕
サムゲタン
사무게탕 |

된장찌개
テンジャンチゲ
텐쟝치게

청국장찌개
チョングクチャンチゲ
촌구쿠챤치게

순두부찌개
スンドゥブチゲ
순두부치게

부대찌개
プデチゲ
푸데치게

갈비탕
カルビタン
카루비탕

감자탕
カムジャタン
카무쟈탕

설렁탕
ソルロンタン
소루론탕

비빔밥
ビビンバ
비빈바

돌솥비빔밥
いし や
石焼きビビンバ
이시야키비빈바

떡볶이
トッポッキ
톳폿키

순대
スンデ
슨데

오뎅
ざ
くし刺しおでん
쿠시자시오뎅

찐빵 あんまん 안만		팥빙수 かき氷 카키코오리	
떡 餅 모치		해물파전 海鮮チジミ 카이센치지미	
김밥 キンパプ 킨파푸		간장게장 カンジャンケジャン 칸잔케장	

김치 キムチ 키무치		삼겹살 サムギョプサル 사무교푸사루		족발 ジョクパル 조쿠파루	

일본요리

회 刺身 사시미		생선초밥 寿司 스시		다코야키 たこ焼き 타코야키	
오코노미야키 お好み焼き 오코노미야키				우동 うどん 우동	
메밀소바 蕎麦 소바				돈코츠라멘 豚骨ラーメン 톤고츠라멘	

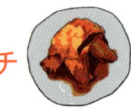

돈부리 どん 丼ぶり 돈부리		야키소바 や 焼きそば 야키소바	
규동 ぎゅうどん 牛丼 규-동		낫또 なっ とう 納豆 낫토-	
미소된장 み そ しる 味噌汁 미소시루		스이모노 す もの 吸い物 스이모노	
스키야키 や すき焼き 스키야키		우메보시 うめ ぼ 梅干し 우메보시	
오니기리 お にぎ 御握り 오니기리		나가사키짬뽕 ながさき 長崎ちゃんぽん 나가사키찬퐁	
카레 カレー 카레-		튀김 てん ぷ ら 天麩羅 덴푸라	
가쯔동 どん カツ丼 카츠동		가이세키(일본의 코스요리) かいせき 懐石 카이세키	
오세치(정월에 먹는 음식) せち お節 오세치		아지타마고 はんじゅくたまご 半熟卵 한쥬큐타마고	

| 돈까스
豚カツ
톤카츠  | 아게모노
揚げ物
아게모노  |

기타

| 햄버거
ハンバーガー
한바-가-  | 피자
ピザ
피자  | 샌드위치
サンドイッチ
산도위치  |

| 스테이크
ステーキ
스테-키  | 와플
ワッフル
왓후루  |

관련대화

A : 무엇을 주문하시겠어요?
何に しますか?
나니니 시마스카

B : 오코노미야끼 주세요.
お好み焼き 下さい。
오코노미야키 쿠다사이

Unit 08 요리방식

데치다 茹でる 유데루	굽다 焼く 야쿠 	튀기다 揚げる 아게루 
탕/찌개 鍋 나베	찌다 蒸す 무스 	무치다 和える 아에루 
볶다 炒める 이타메루 	훈제 薫製 쿤세이 	끓이다 沸かす 와카스 
삶다 茹でる 유데루	섞다 交ぜる 마제루 	휘젓다 回す 마와스 

밀다 伸ばす 노바스 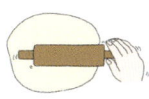	얇게 썰다 薄めに切る 우스메니키루 
손질하다 下拵え 시타고시라에 	반죽하다 捏ねる 코네루 

관련대화

A : 생선초밥 좋아하세요?
寿司は 好きですか?
스시와 스키데스카

B : 네 좋아합니다.
はい、好きです。
하이, 스키데스

A : 그럼 오늘 생선초밥 먹으러 갈래요?
では、今日 寿司を 食べに 行きましょうか?
데와, 쿄우 스시오 타베니 이키마쇼우카

B : 좋지요.
いいですね。
이이데스네

A : 오늘은 제가 한턱 낼게요.
今日は 私が おごります。
쿄우와 와타시가 오고리마스

B : 감사합니다.
ありがとう 御座います。
아리가토우 고자이마스

Unit 09 패스트푸드점

롯데리아 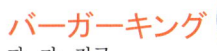	맥도날드	파파이스
ロッテリア	マクドナルド	ポパイズ
롯테리아	마쿠도나르도	포파이즈

KFC 	피자헛 
ケンタッキー	ピザハット
켄탓키-	피자핫토

버거킹 	서브웨이
バーガーキング	サブウェー
바-가-킨구	사부웨-

관련대화

A : 오늘은 롯데리아 가서 밥 먹을까요?

今日は ロッテリアに 行って、ご飯を 食べましょうか?
쿄우와 롯테리아니 잇테, 고항오 타베마쇼우카

B : 좋아요.

いいです。
이이데스

Unit 10 주류

이모쇼츄 いもしょうちゅう 芋焼酎 이모쇼-츄- 	무기쇼츄 むぎしょうちゅう 麦焼酎 무기쇼-츄- 	호로요이 ほろよい 호로요이 
마루 まる 마루 	아사히 맥주 あさひ 朝日ビール 아사히비-루 	
쥰마이다이긴죠 じゅんまいだいぎんじょう 純米大吟醸 쥰마이다이긴죠- 	쥰마이 じゅんまい 純米 쥰마이 	
죠센 じょうせん 上撰 죠-센 	죠센 다루사케 じょうせんたるざけ 上撰樽酒 죠-센다루사케 	
간바래오도짱 がんばれお父ちゃん 간바레오토짱	히카리마사무네 ひかりまさむね 光正宗 히카리마사무네 	
쿄노이즈미 きょう いずみ 京の泉 쿄-노이즈미 	나마쵸조슈 なまちょぞう 生貯蔵 나마쵸조-	
쿠보타만쥬 くぼたまんじゅ 久保田萬寿 쿠보타만쥬	유자슐 ゆずざけ 柚酒 유즈자케 	

위스키		보드카	
ウィスキー		ヴォッカ	
위스키-		봇카	

레드와인		화이트와인	
レッドワイン		白ワイン	
렛토와인		시로와인	

막걸리		동동주	
マッコルリ		トンドンジュ	
맛코루리		톤돈쥬	

백하주		과실주	
ベカジュ		果実酒	
베카쥬		칸지츠슈	

복분자술		매실주	
覆盆子酒		梅酒	
쿠츠가에본시슈		우메슈	

청주		칵테일	
清酒		カクテル	
세이슈		카쿠테루	

관련대화

A : 건배

乾杯！
칸파이

B : 이 술은 몇 도인가요?

この酒は 何度ですか?

코노사케와 난도데스카

A : 25도 정도예요.

二十五度程です。

니쥬-고도호도데스

B : 딱 좋네요.

ちょうどいいですね。

쵸-도이이데스네

관련단어

와쇼쿠(일본음식 전체를 지칭하는 말)	和食	와쇼쿠
과음	深酒	후카자케
숙취해소제	宿酔解消剤	슈큐스이카이쇼우자이
알콜중독	アルコホリック	아루코호릭쿠
술친구	飲み友達	노미토모다치
미즈와리(술에 물을 타서 마시기 좋게 한 것)	水割り	미즈와리
오유와리(술에 따뜻한 물을 넣어 마시는 것)	お湯割り	오유와리
포장마차	屋台	야타이

Unit 11 맛 표현

맛있어요 美味しいです 오이시이데스 	맛없어요 不味いです 마즈이데스 	싱거워요 薄いです 우스이데스 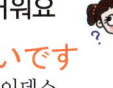
뜨거워요 熱いです 아츠이데스	달아요 甘いです 아마이데스 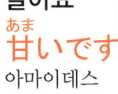	짜요 塩からいです 시오카라이데스 
매워요 辛いです 카라이데스	얼큰해요 ぴりぴりします 피리피리시마스	시어요 酸っぱいです 슷파이데스 
써요 苦いです 니가이데스 	떫어요 渋いです 시부이데스 	느끼해요 あぶらっこいです 아부랏코이데스 
고소해요 香ばしい 고우바시이 	담백해요 あっさりです 앗사리데스 	시원해요 すっきりします 슷키리시마스
비려요 生臭いです 나마구사이데스 	소화가 안돼요 消化に悪いです 쇼-카니와루이데스 	

관련대화

A : 맛이 어때요?
味は どうですか?
아지와 도우데스카

B : 이 음식 맛있어요.
この料理は 美味しいです。
코노료-리와 오이시이데스

관련단어

씹다	噛む	시가무
영양분을 공급하다	栄養となる	에이요우토나루
과식하다	食べ過ぎる	타베스키루
먹이다	食わす	쿠와스
삼키다	飲み込む	노미코무
조리법	調理方法	쵸-리호-호-
날것	生物	나마모노
썩다 ↔ fresh	腐る	쿠사루
칼슘	カルシウム	카루스-무
단백질	蛋白質	탄파쿠시즈
비타민	ビタミン	비타민
지방질	脂肪質	시보우시츠

탄수화물	炭水化物(たんすいかぶつ)	탄스이카부츠
식욕	食欲(しょくよく)	쇼쿠요쿠
무기질	無機質(むきしつ)	무키시츠
에스트로겐	エストロゲン	에스토로겐
아미노산	アミノ酸(さん)	아미노상
체지방	体脂肪(たいしぼう)	타이시보-
피하지방	皮下脂肪(ひかしぼう)	히카시보-
열량(칼로리)	熱量(ねつりょう) / カロリー	네츠료-/ 카로리-
영양소	栄養素(えいようそ)	에이요-소
포화지방	飽和脂肪(ほうわしぼう)	호우와시보-
포도당	葡萄糖(ぶどうとう)	후도-토-
납	鉛(なまり)	나마리

Chapter 09 쇼핑

Unit 01 쇼핑물건

의류

정장 せいそう 正装 세이소- 	청바지 ジーパン 즈-팡	티셔츠 ティーシャツ 티-샤츠
원피스 ワンピース 완피-스	반바지 はん 半ズボン 한즈본 	치마 スカート 스카-토
조끼 ベスト 베스토 	셔츠 シャツ 샤츠 	와이셔츠 ワイシャツ 와이샤츠 
재킷 ジャケット 쟈켓토	운동복 うんどうぎ 運動着 운도-키 	오리털잠바 ダウンパーカー 다운파-카-
스웨터 セーター 세-타- 	우의 あまぐ 雨具 아마구 	내복 はだぎ 肌着 하다기
속옷 したぎ 下着 시타기 	팬티 パンツ 판츠 	교복 せいふく 制服 세이후쿠

레이스 レース 레-스 	단추 ボタン 보탄 	바지 ズボン 즈본 
버클 バックル 박크루	브래지어 ブラジャー 부라쟈- 	
블라우스 ブラウス 부라우스 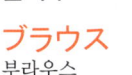	소매 そでぐち 袖口 소데구치 	
외투 オーバーコート 오-바-코-토 	지퍼 チャック 쟈쿠 	
잠옷 パジャマ 파쟈마 	한복 ハンボク 한보쿠 	기모노 き もの 着物 키모노 

관련대화

A : 청바지는 어디에서 파나요?

　ジーパンは どこで 売っていますか?
　즈-팡와 도코데 웃테이마스카

B : 2층에서 팝니다.

　に かい　　う
　二階で 売っています。
　니카이데 웃테이마스

신발, 양말

신발 スニーカー 스니-카 	운동화 うんどうぐつ 運動靴 운도-구츠 	구두 くつ 靴 구츠 
부츠 ブーツ 부-츠 	슬리퍼 スリッパ 스릿파 	
조리 ぞうり 草履 조-리 	장화 ながぐつ 長靴 나가구츠 	
양말 くつした 靴下 쿠츠시타 	스타킹 ストッキング 스톳킨구 	샌들 サンダル 산다루 

기타 액세서리

모자 ぼうし 帽子 보-시 	가방 かばん 鞄 카방 	머리끈 ヘアバンド 헤아반도 
귀걸이 イヤリング 이야린구	반지 ゆびわ 指輪 유비와 	안경 めがね 眼鏡 메가네 
선글라스 サングラス 산구라스 	지갑 さいふ 財布 사이후	목도리 マフラー 마후라- 

스카프 スカーフ 스카-후 	손목시계 うで どけい 腕時計 우데도케이 	팔찌 うで わ 腕輪 우데와
넥타이 ネクタイ 네쿠타이 	벨트 ベルト 베루토 	장갑 てぶくろ 手袋 데부쿠로 
양산 ひ がさ 日傘 히가사 	목걸이 ネックレス 넥쿠레스 	손수건 ハンカチーフ 항카치-후
브로치 ブローチ 부로-치 	머리핀 ヘアピン 헤아핀 	

기타용품

비누 せっけん 石鹸 셋켄	물티슈 ウェットティッシュ 왓토팃슈 	생리대 せい り たい 生理帯 세이리타이 
기저귀 お む つ 御襁褓 오무츠 	우산 かさ 傘 카사 	담배 タバコ 타바코 
라이터 ライター 라이타- 	건전지 かんでん ち 乾電池 칸뎅치 	쇼핑백 か ものふくろ 買い物袋 카이모노후쿠로
종이컵 かみ 紙コップ 카미콧푸 	컵라면 カップラーメン 캇푸라-멘 	

모기약 さっちゅうざい 殺虫剤 삿츄-자이 	방취제 ぼうしゅうざい 防臭剤 보-슈-자이 	면도크림 シェービングフォーム 셰-핀구호-무
면도날 かみそり 剃刀 카미소리	스킨 スキン 스킨 	로션 ローション 로-숀 
썬크림 ひやどめ 日焼け止 히야케도메	샴푸 シャンプー 샴푸- 	린스 リンス 린스 
치약 はみがき 歯磨き 하미가키 	칫솔 は 歯ブラシ 하부라시 	손톱깎이 き つめ切り 츠메키리 
화장지 トイレットペーパー 토이렛토페-파-	립스틱 リップスティック 릿푸스틱쿠	비비크림 BBクリーム 비비쿠리-무
파운데이션 ファンデーション 환데-숀	빗 くし 櫛 쿠시 	사탕 あめ 飴 아메 
껌 ガム 가무 	초콜릿 チョコレート 쵸코레-토	아이셰도 アイシャドウ 아이샤도우
매니큐어 マニキュア 마니큐아 	향수 こうすい 香水 코-스이 	

마스카라 マスカラ 마스카라 	파스 サロンパス  사론파스	
카메라 カメラ  카메라	붓 ふで 筆  후데	책 ほん 本  혼
거울 かがみ 鏡  카가미	핸드폰 케이스 けいたいでん わ 携帯電話ケース  케이타이뎅와케-스	
옥 たま 玉  타마	진주 しんじゅ 真珠  신쥬	루비 ルビー  루비-
다이아몬드 ダイヤモンド  다이야몬도	자수정 むらさきずいしょう 紫水晶  무라사키즈-쇼-	
에메랄드 りょくぎょくせき 緑玉石/ エメラルド  료쿠교쿠세키/에메라루도	사파이어 サファイア  사화이아	
가넷 ガーネット 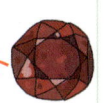 가-넷토	아쿠아마린 アクアマリン 아쿠아마링	페리도트 ペリドート  페리도-토
오팔 オパール  오파-루	토파즈 トパーズ 토파-즈	터키석 いし トルコ石  토루코이시

금 きん 金 킨 	은 ぎん 銀 긴 	동 どう 銅 도우 

관련대화

A : (2층점원) 무엇을 도와드릴까요?
何か お手伝い しましょうか?
나니카 테츠다이 시마쇼우카

B : 청바지를 사려고 합니다.
ジーパンを 買いたいです。
즈-팡오 카이타이데스

관련단어

짝퉁제품	偽物 (にせもの)	니세모노
바코드	バーコード	바-코-도
계산원	レジ係 (がかり)	레츠가카리
선물	プレゼント	푸레젠토
상표	商標 (しょうひょう)	쇼-효-
현금	現金 (げんきん)	겐킹
지폐	紙幣 (しへい)	시헤이
동전	銅貨 (どうか)	도우카
환불	払戻し (はらいもどし)	하라이 모도시

Unit 02 색상

빨간색 あかいろ 赤色 아카이로		**주황색** あらいろ 洗色 아라이로	
노란색 き いろ 黄色 키이로		**초록색** みどりいろ 綠色 미도리이로	
파란색 あおいろ 青色 아오이로		**남색** こんいろ 紺色 콘이로	
보라색 むらさきいろ 紫色 무라사키이로		**아이보리색** いろ アイボリー色 아이보리-이로	
황토색 おう ど いろ 黃土色 오-도로		**검은색** くろ いろ 黑色 쿠로이로	
회색 はいいろ 灰色 하이이로		**흰색** しろいろ 白色 시로이로	
갈색 ちゃいろ 茶色 챠이로		**분홍색** いろ ピンク色 핀쿠이로	

관련대화

A : 좋아하는 색깔이 뭐예요?
好きな 色は 何ですか?
스키나 이로와 난데스카

B : 파란색을 좋아해요. 파란색을 보면 바다와 하늘을 보는거 처럼 마음이 편해져요.
青色が 好きです。青色を 見ると、海と 空を 見る ように 心が 楽に なりますよ。
아오이로가 스키데스. 아오이로오 미루토, 우미토 소라오 미루요우니 코코로가 라쿠니 나리마스요

A : 그래요? 저는 초록색을 보면 마음이 편해지더라구요.
そうですか? 私は 緑色を 見ると 気が 楽になります。
소우데스카? 와타시와 미도리이로오 미루토 키가 라쿠니나리마스

관련단어

복장	服装	후쿠소우
의상	衣装	이쇼우
직물	織物	오리모노
감촉	感触	칸쇼쿠
모피	毛皮	케가와
단정한	端整な	탄세이나
깔끔한	きれいな	키레이나

방수복	防水着 (ぼうすいぎ)	보우스이기
차려입다	着飾る (きかざ)	키가자루
장식하다	飾る (かざ)	카자루
사치스럽다	おごってる	오곳테루
어울리다	合う (あ)	아우

Unit 03 구매 표현

이것	저것
これ	それ
코레	소레

저것(먼 것을 가리킬 때)
あれ
아레

더 화려한 것	더 큰 것
もっと 派手な事	もっと 大きな事
못토 하데나코토	못토 오-키나코토

더 작은 것	더 수수한 것
もっと 小さな事	もっと 渋い事
못토 츠이사나코토	못토 시부이코토

유행상품	더 무거운 것
流行商品	もっと 重い事
류-코-쇼-힝	못토 오모이코토

더 가벼운 것	더 긴 것
もっと 軽い事	もっと 長い事
못토 카루이코토	못토 나가이코토

더 짧은 것	다른 종류
もっと 短い事	ほかの 種類
못토 미지카이코토	호카노 슈루이

다른 디자인	다른 색깔
ほかの デザイン	ほかの 色
호카노 데자잉	호카노 이로

더 싼 것 もっと 安い もの 못토 야스이 모노		더 비싼 것 もっと 高い もの 못토 타카이 모노	
신상품 新商品 신쇼-힝		세일 상품 セール商品 세-루쇼-힝	
(옷을)입다 着る 키루 (바지를)입다 穿く 하쿠		신다 履く 하쿠	
메다 背負う 세오우		먹다 食べる 타베루	
바르다 塗る 누루		들다 持つ 모츠	
만지다 触る 사와루		쓰다 書く 카쿠	
착용하다 着用する 챠쿠요우스루		몇 가지 いくつか 이쿠츠카	

관련대화

A : 다른 종류를 좀 보여주시겠어요.

ほかの 種類を 見せてください。
호카노 슈루이오 미세테쿠다사이

B : 네, 알겠습니다.

はい、分かりました。
하이, 와카리마시타

관련단어

쇼핑몰	ショッピングモール	숏핀구모-루
상품	商品	쇼-힝
하자가 있는	欠陥の ある	켁칸노 아루
환불	払い 戻す	하라이 모도스
구입하다	買う	카우
영수증	領収書	료-슈-쇼
보증서	保証書	호쇼-쇼
소매점	小売店	코-리텡
세일	セール	세-루
계산대	勘定台	칸죠-다이
저렴한	値安だ	네야스다
물건이 다 팔리다	商品が 全部 捌ける	쇼-힝가 젠부 하케루

재고정리	棚ざらえ(たな)	타나자라에
신상품	新商品(しんしょうひん)	신쇼-힝
공짜	ただ	타다

Chapter 10 도시

Unit 01 자연물

강 かわ 川 카와 	과수원 かじゅえん 果樹園 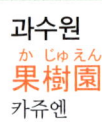 카쥬엔	나무 き 木 키 
논 た 田 타 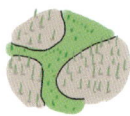	농작물 のうさくもつ 農作物 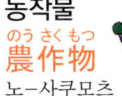 노-사쿠모츠	동굴 どうくつ 洞窟 도-쿠츠 
들판 のはら 野原 노하라 	바다 うみ 海  우미	밭 はたけ 畑 하타케 
사막 さばく 砂漠 사바쿠	산 やま 山  야마	섬 しま 島 시마 
삼림 もり 森 모리 	습지 しっち 湿地  싯치	연못 いけ 池 이케 

저수지 ちょすいち 貯水池 쵸스이치	초원 そうげん 草原 소-겐	폭포 たき 滝 타키
해안 かいがん 海岸 카이간	협곡 きょうこく 峡谷 쿄-코쿠	호수 みずうみ 湖 미즈우미
목장 ぼくじょう 牧場 보쿠죠-	바위 いわ 岩 이와	

관련대화

A : 사막에 가본 적이 있나요?

砂漠に 行った ことが ありますか?
사바쿠니 잇타 코토가 아리마스카

B : 네, 가본 적이 있어요.

はい、行った ことが あります。
하이 잇타 코토가 아리마스

관련단어

수확하다	刈取る (かりと)	카리토루
씨를 뿌리다	種を まく (たね)	타네오 마쿠
온도	温度 (おんど)	온도
수평선	水平線 (すいへいせん)	스이헤이센
지평선	地平線 (ちへいせん)	치헤이센
화석	化石 (かせき)	카세키
습도	湿度 (しつど)	시츠도
대지	敷地 (しきち)	시키치
모래	砂 (すな)	스나
논두령	畦 (あぜ)	아제

Unit 02 도시 건축물

우체국 ゆうびんきょく 郵便局 유-빈쿄쿠 	은행 ぎんこう 銀行 긴코우	경찰서 けいさつしょ 警察署 케이사츠쇼 
병원 びょういん 病院 뵤-잉 	편의점 コンビニ 콘비니 	호텔 ホテル 호테루 
서점 ほんや 本屋 혼야 	백화점 ひゃっかてん デパート/百貨店 데파-토/햣카텡 	
노래방 カラオケ 카라오케 	커피숍 カフェ 카페 	
영화관 えいがかん 映画館 에이가칸 	문구점 ぶんぼうぐてん 文房具店 분보-구텡 	
제과점 パン屋 판야 	놀이공원 ゆうえんち 遊園地 유-엔치 	
주유소 ガソリンスタンド 가조린스탄도 	성당 せいどう 聖堂 세이도- 	교회 きょうかい 教会 쿄-카이 

찻집 きっさてん 喫茶店 킷사텡 	번화가 はんかがい 繁華街 한카가이	미술관 びじゅつかん 美術館 비쥬츠칸 
학교 がっこう 学校 각코우 	이슬람사원 じいん イスラム寺院 이스라무지잉 	분수 ふんすい 噴水 훈스이 
공원 こうえん 公園 코우엔 	댐 ダム 다무 	정원 にわ 庭 니와 
사우나 サウナ 사우나 	식물원 しょくぶつえん 植物園 쇼쿠부츠엔 	동물원 どうぶつえん 動物園 도우부츠엔 
광장 ひろば 広場 히로바 	다리 はし 橋 하시 	박물관 はくぶつかん 博物館 하쿠부츠칸 
기념관 きねんかん 記念館 키넹칸 	약국 やっきょく 薬局 얏쿄쿠 	소방서 しょうぼうしょ 消防署 쇼-보-쇼 
도서관 としょかん 図書館 토쇼칸 	미용실 びようしつ 美容室 비요우시츠 	관광안내소 かんこうあんないじょ 観光案内所 칸코-안나이죠 
세탁소 せんたくや 洗濯屋 센타쿠야 	PC방 インターネットカフェ 인타-넷토카페	

목욕탕 せんとう **銭湯** 센토- 	발마사지집 あし や **足マッサージ屋** 아시맛사-지야 
안마방 **エステサロン** 에스테사론 	온천 おんせん **温泉** 온셴 

관련대화

A : 일본 온천에 가본적이 있나요?

　　おんせん　　い
　日本の 温泉に 行ったことが ありますか?

　니혼노 온센니 잇타코토가 아리마스카

B : 네 저는 유후인온천에 다녀온 적이 있어요.

　　　　　　ゆ ふ いんおんせん　 い
　はい、私は 由布院温泉に 行ったことが あります。

　하이, 와타시와 유후잉온센니 잇타코토가 아리마스

Chapter 11 스포츠, 여가

Unit 01 스포츠

볼링  ボウリング 보우린구	암벽등반 ロッククライミング 롯쿠쿠라이밍구	활강  ダウンヒル 다운히루
수상그네 すいじょう 水上ブランコ 스이죠-분란코	패러글라이딩 パラグライダー 파라구라이다-	
번지점프 バンジージャンプ 반지-챤푸	 낚시 さかなつ 魚釣り 사카마츠리	
인공암벽 フリークライミング 후리-구라이밍구	 바둑 いご 囲碁 이고	
카레이싱 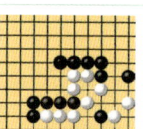 カーレーシング 카-레신구	윈드서핑  ウインドサーフィン 우인도사-힌	골프 ゴルフ 고루후
테니스  テニス 테니스	스키  スキー 스키-	태극권 たいきょくけん 太極拳  타이쿄쿠켄 

소림무술 武術 부쥬츠 	승마 乗馬 죠-바 	
축구 サッカー 삿카- 	배구 バレーボール 바레-보-루 	야구 野球 야큐- 
농구 バスケットボール 바스켓토보-루 	탁구 卓球 탓큐- 	검술 剣道 켄도우 
수영 水泳 스이에이 	경마 競馬 케이바 	권투 ボクシング 보쿠싱구 
태권도 テコンドー 테콘도- 	검도 剣道 켄도우 	무에타이 ムエタイ 무에타이
격투기 格闘技 카쿠토-키 	씨름 シルム/ 韓国の相撲 씨루무/ 칸코구노스모우 	당구 ビリヤード 비리야-도 
배드민턴 バドミントン 바도민통	럭비 ラグビー 라구비- 	스쿼시 スカッシュ 스캇슈 
아이스하키 アイスホッケー 아이스홋케- 	핸드볼 ハンドボール 한도보-루 	등산 山登り 야마노보리 

| 인라인 インラインスケート 인라인스케-토 | 조정  ボート 보-토 | 사이클  サイクル 사이쿠루 |

요가
ヨガ
요가

스카이다이빙
スカイダイビング
스카이다이빙구

행글라이더
ハンググライダー
한구구라이다-

피겨스케이트
フィギュアスケート
히규아스케-토

롤러스케이트
ローラースケート
로-라-스케-토

양궁
アーチェリー
아-체리-

스노클링
シュノーケリング
슈노-케린구

스쿠버다이빙
スキューバダイビング
스큐-바다이빙구

해머던지기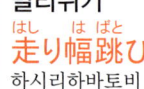
ハンマー投げ
 な
한마-나게

멀리뛰기
はし　はばと
走り幅跳び
하시리하바토비

창던지기
やり な
槍投げ
야리나게

마라톤
マラソン
마라손

펜싱
フェンシング
휀싱구

쿵푸
カンフー
칸후-

합기도
あい き どう
合気道
아이키도-

공수도
から て どう
空手道
카라테도-

레슬링 レスリング 레스린구		스모 す もう 相撲 스모-	
줄넘기 なわ と 縄飛び 나와토비		뜀틀 ちょう ば 跳馬 쵸-바	
에어로빅 エアロビクスダンス 에아로비쿠스단스	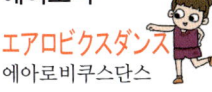		
아령 ダンベル 단베루		역도 じゅうりょう あ 重量挙げ 쥬-료-아게	

관련대화

A : 무슨 운동을 좋아하세요?
どんな スポーツが 好きですか?
돈나 스포-츠가 스키데스카

B : 저는 볼링을 좋아해요.
わたし
私は ボウリングが すきです。
와타시와 보우린구가 스키데스

A : 배우고 싶은 운동은 있나요?
まな
学びたい スポーツは ありますか?
마나비타이 스포츠와 아리마스카

B : 암벽등반을 하고 싶어요.
いわのぼ　　まな
岩登りを 学びたいです。
이와노보리오 마나비타이데스

관련단어

야구공	野球ボール	야큐보-루
야구방망이	野球バット	야큐밧토
축구공	サッカーボール	삿카-보-루
축구화	サッカーシューズ	삿카-슈-즈
글러브	グローブ	구로-부
헬멧	ヘルメット	헤루멧토
라켓	ラケット	라켓토
수영복	水着	미즈기
튜브	チューブ	츄-부
수영모	水泳帽	스이에이보-
러닝머신	ランニングマシーン	란닝구마시-인
코치	コーチ	코-치
유산소운동	有酸素運動	유-산소운도-
무산소운동	無酸素運動	무산소운도-
근력운동	筋肉運動	킨니쿠운도-
호흡운동(숨쉬기 운동)	呼吸運動	코큐-운도-
수경	スイミングゴーグル	스이밍구고-구루
맨손체조	徒手体操	토슈타이소우

Unit 02 오락, 취미

| 영화 감상
えいがかんしょう
映画鑑賞
에이가칸쇼-  | 음악 감상
おんがくかんしょう
音楽鑑賞
온가쿠칸쇼-  |

| 여행
りょこう
旅行
료코-  | 독서
どくしょ
読書
도쿠쇼  | 춤추기
おど
踊り
오도리  |

| 노래 부르기
うた うた
歌を歌う
우타오 우타우  | 운동
うんどう
運動
운도- | 등산
やまのぼ
山登り
야마노보리  |

| 수중잠수
すいちゅうせんすい
水中潜水
스이츄-센스이  | 악기 연주
がっきえんそう
楽器演奏
갓키엔소-  |

| 요리
りょうり
料理
료-리  | 사진 찍기
しゃしんさつえい
写真撮影
샤신사츠에이  | 정원 가꾸기
ガーデニング
가-데닝구 |

| 우표 수집
きって しゅうしゅう
切手収集
킷테슈-슈- | 낚시
さかなつ
魚釣り
사카나츠리  | 십자수
クロスステッチ
쿠로스스텟치 |

| TV 보기
み
テレビ見る
테레비미루 | 드라이브
ドライブ
도라이부  | 빈둥거리기
ごろごろする
고로고로스루 |

| 인터넷
インターネット
인타-넷토  | 게임
ゲーム
게-무  |

Chapter 11 스포츠, 여가

아이쇼핑하기 ウィンドウショッピングする 우인도우숏핑구스루 	캠핑 가기 キャンピングする 캬핀구스루

마작 マージャン 마-쟝 	장기 将棋(しょうぎ) 쇼-기 	도예 陶芸(とうげい) 토-게이 
뜨개질 編(あ)み物(もの) 아미모노	일하기 働(はたら)く 하타라쿠	멍때리기 ぼんやりする 본야리스루 

관련대화

A : 취미가 뭐예요?
趣味(しゅみ)は 何(なん)ですか?
슈미와 난데스카

B : 영화 보는 걸 좋아해요.
映画(えいが) 観(み)ることが 好(す)きです。
에이가 미루코토가 스키데스

A : 주말에는 뭐하세요?
週末(しゅうまつ)には 何(なに)を しますか?
슈-마츠니와 나니오 시마스카

B : 주말에는 독서해요.
週末(しゅうまつ)は 読書(どくしょ)します。
슈-마츠와 도쿠쇼시마스

Unit 03 악기

기타 	피아노 	색소폰 
ギター	ピアノ	サクソフォン
기타-	피아노	사쿠소혼

플루트 	하모니카	클라리넷 
フルート	ハーモニカ	クラリネット
후루-토	하-모니카	쿠라리넷토

트럼펫 	하프 	첼로 
トランペット	ハープ	チェロ
토란펫토	하-푸	체로

아코디언	드럼 	실로폰 
アコーディオン	ドラム	シロホン
아코-디온	도라무	스로혼

거문고 	가야금	대금 
こと 琴	か や きん 伽倻琴	たい きん 大芩
코토	카야킨	타이킨

장구 	징 	해금 
チャング	かね 鉦	けい きん 奚琴
챵구	카네	케이킹

단소 	피리 	오카리나 
たんしょう 短簫	ふえ 笛	オカリナ
탄쇼	후에	오카리나

Chapter 11 스포츠, 악기

바이올린 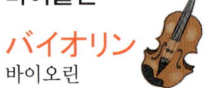	비올라 	
バイオリン 바이오린	ビオラ 비오라	

관련대화

A : 어떤 악기를 다룰 줄 아세요?
　　どんな 楽器を 演奏できますか?
　　돈나 캇키오 엔소-데키마스카

B : 저는 피아노를 다룰 수 있어요.
　　私は ピアノを 弾けます。
　　와타시와 피아노오 히케마스

Unit 04 여가

휴양하다 きゅうよう 休養する 큐-요-스루 	관광하다 かんこう 観光する 칸코-스루 
기분전환하다 き ぶんてんかん 気分転換する 키분텐칸 스루 	건강관리하다 けんこう か んり 健康管理をする 켄코-칸리오 스루 
탐험하다 たんけん 探検する 탄켄 스루 	박물관 참관하다 はくぶつかん　　かんらん 博物館を 観覧する 하쿠부츠칸오 칸란스루 

관련대화

A : 기분이 안 좋을 때 어떻게 기분전환하시나요?
　　き も　　　わる　　とき　　　　　　　　　　　　き ぶんてんかん
　　気持ちが 悪い 時に どのように 気分転換しますか?
　　키모치가 와루이 토키니 도노요우니 키분텐칸시마스카

B : 저는 여행을 가면 기분전환이 돼요.
　　わたし　　りょこう　　 い　　　き ぶんてんかん
　　私は 旅行に 行くと 気分転換になります。
　　와타시와 료쿄-니 이쿠토 키분텐칸니나리마스

Unit 05 영화

영화관 えいがかん 映画館 에이가칸 	매표소 きっぷうりば 切符売場 킷푸우리바 
히트작 さく ヒット作 힛토사쿠 	매점 ばいてん う ば 売店/売り場 바이텡/우리 바 
공포영화 えい が ホラー映画 호라-에이가 	코미디영화 えい が コメディー映画 코메디-에이가 
액션영화 えい が アクション映画 아쿠숀에이가 	어드벤처영화 えい が アドベンチャー映画 아도벤쨔-에이가
스릴러영화 えい が スリラー 映画 스리라-에이가 	주연배우 しゅえんはいゆう 主演俳優 슈엔하이유- 
조연배우 じょえんはいゆう 助演俳優 죠엔하이유- 	남자주인공 しゅえんだんゆう 主演男優 슈엔단유- 
여자주인공 おんなしゅじんこう 女主人公 온나쥬진코- 	영화사 えい が し 映画史 에이가시	감독 かんとく 監督 칸토쿠 

관련대화

A : 스릴러 영화 좋아하세요?
スリラー 映画は 好きですか?
스리라-에이가와 스키데스카

B : 아니요. 저는 무서운건 싫어요. 저는 로맨틱영화를 좋아합니다.
いいえ、私は 怖いのは 嫌いです。私は ロマンチックな映画が 好きです。
이이에, 와타시와 고와이모노와 키라이데스. 와타시와 로만틱쿠나에이가가 스키데스

관련단어

뮤지컬영화	ミュージカル映画	뮤-지카루에이가
다큐멘터리영화	ドキュメンタリー映画	도큐멘타리에이가
로멘틱영화	ロマンチック映画	로만틱쿠에이가

Part 2
여행 단어

Chapter 01. 공항에서
Chapter 02. 입국심사
Chapter 03. 숙소
Chapter 04. 교통
Chapter 05. 관광

Chapter 01 공항에서

Unit 01 공항

국내선 こくないせん 国内線 코쿠나이센 	국제선 = flight こくさいせん 国際線 코쿠사이센
탑승창구 とうじょうぐち 搭乗口 토우쇼-구치 	항공사 こうくうがいしゃ 航空会社 코-쿠-가이샤 
탑승수속 とうじょうてつづき 搭乗手続き 토-죠-테츠즈키 	항공권 こうくうけん 航空券 코-쿠켄 
여권 パスポート 파스포-토 	탑승권 とうじょうけん 搭乗券 토-죠-켄 
금속탐지기 きんぞくたんちき 金属探知器 킨조쿠탄치키 	창가좌석 まどがわ せき 窓側の席 마도가와노 세키 

통로좌석 つうろがわ せき 通路側の席 츠우로가와노 세키		**탁송화물** たくそう か もつ 託送貨物 타쿠소우카모츠	
수화물표 て に もつきっぷ 手荷物切符 테니모츠킷푸		**추가 수화물 운임** ついか て に もつうんちん 追加手荷物運賃 츠이카테니모츠운칭	
세관 ぜいかん 税関 제이캉		**신고하다** しん こく 申告する 신코쿠스루	
출국신고서 しゅっこくしん こく しょ 出国申告書 슛코쿠신코쿠쇼		**면세점** めんぜいてん 免税店 멘제이텡	
입국심사 にゅうこくしん さ 入国審査 뉴-코쿠신사		**휴대품신고서** けいたいひんしん こく しょ 携帯品申告書 케이타이힝신코쿠쇼	
비자 ビザ 비자		**세관원** ぜいかんしょくいん 税関職員 제이캉쇼쿠잉	

관련대화

A : 여권과 신고서를 보여주세요. 신고할 물건이 있나요?

　　パスポートと 申告書を 見せてください。申告する 物が
　　しんこくしょ　み　　　　　　　　　しんこく　もの
ありますか？
파스포-토토 신코쿠쇼오 미세테쿠다사이. 신코쿠스루모노가 아리마스카

B : 신고할 물건이 없습니다.

申告する物が ありません。

신코쿠스루모노가 아리마센

A : 가방을 열어주시겠어요.

かばんを 開けてください

카방오 아케테쿠다사이。

B : 이것은 개인 소지품입니다.

これは 身の回り品だけ 持っています。

코레와 미노마와리힝다케 못테이마스

관련단어

목적지	目的地	모쿠테키치
도착지	到着地	토-챠쿠치
방문목적	訪問目的	호우몬모쿠테키
체류기간	滞留期間	타이류-키칸
입국허가	入国許可	뉴-코쿠쿄카
검역소	検疫所	켄에키쇼
수하물 찾는 곳	手荷物受取所	테니모치우케토리쇼
리무진 버스	リムジンバス	리무진바스

Unit 02 기내 탑승

① 창문 まど 窓 마도	② 스튜어디스 きゃくしつじょうむいん 客室乗務員 캬쿠시츠쇼-무잉	③ 객석 위쪽의 짐칸 きゃくせき うえ にもつくうかん 客席の 上の荷物空間 캬쿠세키노 우에노니모츠쿠-칸	
④ 에어컨 エアコン 에아콘	⑤ 조명 しょうめい 照明 쇼-메이	⑥ 모니터 モニター 모니타-	⑦ 좌석(자리) せき 席 세키
⑧ 구명조끼 きゅうめい 救命チョッキ 큐-메이춋키	⑨ 호출버튼 よ だ 呼び出し ボタン 요비다시보탄	⑩ 짐 にもつ 荷物 니모츠	⑪ 안전벨트 あんぜん 安全ベルト 안젠베루토
⑫ 통로 つうろ 通路 츠-로	⑬ 비상구 ひじょうぐち 非常口 히죠-구치	⑭ 화장실 てあらい 手洗/トイレ 테아라이/토이레	⑮ 이어폰 イヤホン 이야혼

① 조종실	② 기장	③ 부기장	④ 활주로
コックピット	機長	副機長	滑走路
콧쿠핀토	키쵸-	후쿠키쵸-	캇쇼-로

관련대화

A : 자리를 좀 찾아주시겠어요?
　　席を 探してください。
　　세키오 사가시테쿠다사이

B : 오른쪽 5번째 창가 좌석이십니다.
　　右の側 五番目の 窓側の席です。
　　미기가와 고반메노 마도가와노세키데스

A : 감사합니다.
　　ありがとう御座います。
　　아리가토우고카이마스

B : 별 말씀을요.
　　とんでもないです。
　　톤데모나이데스

관련단어

도착 예정 시간	到着予定時刻	토우쨔쿠요테이지코쿠
이륙하다	離陸する	리리쿠스루
착륙하다	着陸する	쨔쿠리쿠스루
무료 서비스	無料サービス	무료-사-비스
사용 중	使用中	시요-츄-
금연 구역	禁煙区域	킨엔쿠이키
시차적응 안됨	時差ボケ	지사포케
경유	経由	케이유
직항	直航	춋코우
좌석 벨트를 매다	シートベルトを する	시-토베루토오 스루
연기/지연	延期/ 遅延	엔키/치엔

Unit 03 기내 서비스

신문 しんぶん 新聞 신붕	면세품 목록 めんぜいひん 免税品カタログ 멘제이힝카타로구

잡지 ざっし 雑誌 잣시	담요 もうふ 毛布 모-후	베개 まくら 枕 마쿠라

입국카드 にゅうこく 入国カード 뉴-코쿠카-도	티슈 ティッシュ 팃슈	음료수 の もの 飲み物 노미모노

기내식 きないしょく 機内食 키나이쇼쿠	맥주 ビール 비-루	와인 ワイン 와인

물 みず 水 미즈	커피 コーヒー 코-히-	차 ちゃ お茶 오챠

관련대화

A : 음식은 무엇으로 드시겠어요?
た　もの　　なに
食べ物は 何に しますか?
타베노모와 나니니 시마스카

B : 어떤 요리가 있나요?
　　どんな 料理が ありますか?
　　돈나 료-리가 아리마스카

A : 닭고기 요리와 소고기 요리가 있습니다.
　　鶏肉料理と 牛肉料理が あります。
　　토리니쿠료-리토 규-니쿠료-리가 아리마스

B : 닭고기 요리로 주세요.
　　鶏肉料理にします。
　　토리니쿠료-리니시마스

관련단어

이륙	離陸	리리쿠
착륙	着陸	챠쿠리쿠
홍차	紅茶	코-챠
물티슈	ウェットティッシュ	우엣토티슈
스튜어드	スチュワード	스츄와-도
샐러드	サラダ	사라다
알로에쥬스	アロエジュース	아로에쥬-스
탄산음료	炭酸飲料	탄산인료-

Chapter 02 입국심사

Unit 01 입국목적

비즈니스 ビジネス 비지네스 	여행, 관광 りょこう / かんこう 旅行 / 観光 료코-/칸코- 
공무 こうむ 公務 코-무 	취업 しゅうしょく 就職 슈-쇼쿠 
거주 きょじゅう 居住 쿄쥬- 	친척 방문 しんせき　ほうもん 親戚への訪問 신세키헤노호-몬 
유학 りゅうがく 留学 류-가쿠 	귀국 きこく 帰国 키코쿠 	기타 た その他 소노타 

관련대화

A : 방문 목적은 무엇입니까?

訪問の 目的は 何ですか?
호-몬노 모쿠테키와 난데스카

B : 사업차입니다.

ビジネスです。
비지네스데스

Unit 02 거주지

호텔 ホテル 호테루 	친척집 親戚の 家 신세키노 이에 
친구집 友人の 家 유-징노 이에 	미정입니다 未定です 미테이데스 

관련대화

A : 어디서 머무시나요?

どこに 泊まりますか?
도코니 토마리마스카

B : 호텔에서 머물러요.

ホテルに 泊まります。
호테루니 토마리마스

Chapter 03 숙소

Unit 01 예약

예약 よやく 予約 요야쿠	체크인 チェックイン 쳇쿠인	체크아웃 チェックアウト 쳇쿠아우토
싱글룸 シングルルーム 신구루루-무	더블룸 ダブルルーム 다부루루-무	트윈룸 ツインルーム 츠인루-무
스위트룸 スイートルーム 스이-토루-무	다인실 ドーミトリー 도-미토리-	일행 いっこう 一行 잇코-
흡연실 きつえんしつ 喫煙室 키츠엔시츠	금연실 きんえんしつ 禁煙室 킨엔시츠	방값 へやだい 部屋代 헤야다이
예약번호 よやくばんごう 予約番号 요야쿠반고-	방카드 ルームキー 루-무키-	

관련대화

A : 방을 예약하려고 하는데요.
部屋を 予約して ほしいんですけど。
헤야오 요야쿠시테 호시잉데스케도

B : 어떤 방을 원하세요?
どんな 部屋を ご希望ですか?
돈나 헤야오 고키보-데스카

A : 싱글룸을 원합니다.
シングルルームを 予約したいです。
신구루루-무오 요야쿠시타이데스

관련단어

예치금	保証金	호쇼-킹
환불	払い戻し	하라이모도시
봉사료	サービス料	사-비스료-

Unit 02 호텔

① 프런트 フロント 프론토		
② 접수계원 受付の人 우케츠케노 히토		
③ 도어맨 ドアマン 도아만		
④ 벨보이 ベルボーイ 베루보-이	⑤ 사우나 サウナ 사우나	⑥ 회의실 会議室 카이기시츠
⑦ 레스토랑 レストラン 레스토랑	⑧ 룸메이드 ルームメード 루-무메-도	⑨ 회계 会計 카이케이

 관련대화

A : 호텔의 사우나는 어디 있나요?

ホテルの サウナは どこですか?
호테루노 사우나와 도코데스카

B : 직진해서 가면 바로 있어요.

まっすぐ 行くと あります。
맛스구 이쿠토 아리마스

Unit 03 숙소 종류

호텔(주점/반점)	캠핑
ホテル 	キャンプ 
호테루	캬푸
게스트하우스	민박
ゲストハウス 	民宿(みんしゅく) 
게스토하우스	민슈쿠
료칸(일본식 전통 고급 호텔)	펜션
旅館(りょかん)	ペンション 
료칸	펜숀
캡슐호텔	인터넷카페
カプセルホテル  	インターネットカフェ 
카푸세루호테루	인타-넷토카훼
국민숙사(지자체나 마을에서 운영하는 게스트하우스)	
国民宿舎(こくみんしゅくしゃ) 	
코쿠민슈쿠샤	

관련대화

A : 호텔을 예약하려고요.
　　ホテルを 予約(よやく)して ほしいです。
　　호테루오 요야쿠시테 호시이데스

B : 며칠이나 머무르실 거예요?
　　何日(なんにち)まで 泊(と)まりますか?
　　난니치마데 도마리마스카

Unit 04 룸서비스

모닝콜 モーニングコール 모-닝구코-루 	세탁 洗濯(せんたく) 센타쿠 
다림질 アイロン 아이론 	드라이클리닝 ドライクリーニング 도라이쿠리-닌구 
방청소 部屋の掃除(へやのそうじ) 헤야노소우지 	식당 예약 食堂の予約(しょくどうのよやく) 쇼쿠도우노 요야쿠 
안마 按摩(あんま) 안마 	식사 食事(しょくじ) 쇼쿠지 
미니바 ミニバー 미니바- 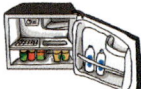	팁 チップ 칫푸 

관련대화

A : 룸서비스를 부탁드립니다.

　ルームサービス お願(ねが)いします。
　루-무사-비스 오네가이시마스

B : 네, 알겠습니다. 성함과 방번호가 어떻게 되세요?

はい、分かりました。お名前と 部屋番号を 教えてください?

하이, 와카리마시타, 오나마에토 헤야반고-오 오시에테쿠다사이

A : 저는 사사키이구요, 방번호는 202호입니다.

私の 名前は 佐崎で、部屋番号は 202号です。

와타시노 나마에와 사사키데, 헤야반고-와 니제로니고-데스

Chapter 04 교통

Unit 01 탈것

비행기 ひこうき 飛行機 히코-키	헬리콥터 ヘリコプター  헤리코푸타-	케이블카 ケーブルカー  케-부루카-
여객선 りょかくせん 旅客船  료카쿠센	요트 ヨット  욧토	잠수함 せんすいかん 潜水艦  센스이칸
택시 タクシー 타쿠시-	자동차 くるま 車  쿠루마	버스 バス  바스
기차 きしゃ 汽車  키샤	지하철 ちかてつ 地下鉄  치카테츠	자전거 じてんしゃ 自転車  지텐샤
트럭 トラック  도랏쿠	크레인 クレーン  쿠레엔	
모노레일 モノレール  모노레루	소방차 しょうぼうしゃ 消防車  쇼-보-샤	

구급차	이층버스
きゅうきゅうしゃ **救急車** 	に かい だ **二階建てバス** 
큐-큐-샤	니카이다테바스
견인차	관광버스
けんいんしゃ **牽引車** 	かんこう **観光バス** 
켄인샤	칸코-바스

레미콘	순찰차	오토바이
レミコン 	**パトカー** 	**オートバイ** 
레미콘	파토카-	오-토바이
증기선	지게차	열기구
じょう き せん **蒸気船** 	**フォークリフト** 	ねつ き きゅう **熱気球** 
죠-키센	효-구리후토	네츠키큐-

스포츠카	벤
スポーツカー 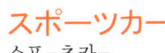	**バン** 
스포-츠카-	반

관련대화

A : 모노레일 타 본 적 있어요?

　　の
モノレールに 乗ったことが ありますか?
모노레-루니 놋타코토가 아리마스카

B : 네 한번 타 본 적이 있어요.

　いちど の
はい、一度 乗ったことが あります。
하이, 이치도 놋타코토가 아리마스

Unit 02 자동차 명칭 / 자전거 명칭

① 엑셀(가속페달)	② 브레이크	③ 백미러
アクセル 아쿠세루	ブレーキ 부레-키	バックミラー 밧쿠미라-
④ 핸들	⑤ 클랙슨	⑥ 번호판
ハンドル 한도루	クラクション 쿠라숀	ナンバープレート 난바-푸레-토
⑦ 변속기	⑧ 트렁크	⑨ 클러치
スピードメーター 스피-도메-타-	トランク 토란쿠	クラッチ 쿠랏치

① 안장	② 앞바퀴	③ 뒷바퀴
サドル	ぜんりん 前輪	こうりん 後輪
사도루	젠린	코-린
④ 체인	⑤ 페달	
チェーン	ペダル	
체-잉	페다루	

관련대화

A : 트렁크를 좀 열어주세요.

　トランクを 開けてください。
　도란쿠오 아케테쿠다사이

B : 네, 열었습니다.

　はい、開けました。
　하이, 아케마시타

관련단어

안전벨트	シートベルト	시-토베루토
에어백	エアバッグ	에아팟쿠
배터리	バッテリー	팟테리-
엔진	エンジン	엔진
LPG	エルピージー	에루피-지-
윤활유	潤滑油 (じゅんかつゆ)	쥰가츠유
경유	軽油 (けいゆ)	케이유
휘발유	ガソリン	가소린
세차	洗車 (せんしゃ)	센샤

Unit 03 교통 표지판

서행 じょこう 徐行 죠코-		일시정지 いちじていし 一時停止 이치지테이시	
추월금지 おいこしきんし 追越禁止 오이코시킨시		제한속도 せいげんそくど 制限速度 세이겐소쿠도	
일방통행 いっぽうつうこう 一方通行 잇포-츠-코-		주차금지 ちゅうしゃきんし 駐車禁止 츄-샤킨시	
우측통행 みぎがわつうこう 右側通行 미기가와츠-코-		진입금지 しんにゅうきんし 進入禁止 신뉴-킨시	
유턴금지 Uターン禁止 유탄킨시		낙석도로 らくせきどうろ 落石道路 라쿠세키도-로	
어린이 보호구역 スクールゾーン 스쿠-루존			

Unit 04 방향

좌회전 さ せつ **左折** 사세츠		우회전 う せつ **右折** 우세츠	
직진 ちょくしん **直進** 쵸쿠신		백(back) **バック** 밧쿠	
유턴 **Uターン** 유탄-		동서남북 とう ざい なん ぼく **東西南北** 토우자이난보쿠	

관련대화

A : 도서관은 어떻게 가나요?

と しょかん　　　　　　　　　い
図書館はどうやって行きますか。
토쇼칸와 도우얏테 이키마스카

B : 여기에서 직진하세요.

　　　　　　　　　　　　い
ここから まっすぐ行てください。
코코카라 맛스구이테쿠다사이

관련단어

후진하다	バックする	밧쿠스루
고장나다	故障する	코쇼-스루
(타이어가) 펑크나다	タイヤが パンクする	타이야가 판쿠스루
견인하다	牽引する	켄인스루
갈아타다	乗り換える	노리카에루
차가 막히다	車が渋滞する	쿠루마가 쥬-타이스루
주차위반 딱지	駐車違反の ステッカー	츄-샤이한노 스팃카-
지하철노선도	地下鉄の 路線図	치카테츠노 로센즈
대합실	待合室	마치아이시츠
운전기사	運転手	운텐슈
운전면허증	運転免許証	운텐멘쿄쇼-
중고차	中古車	츄-코샤
새차	新車	신샤

Unit 05 거리풍경

신호등 しん ごう とう 信号灯 신고우토우		횡단보도 おう だん ほ どう 横断歩道 오우단호도우	
주유소 ガソリンスタンド 가소린스탄토		인도 ほ どう 歩道 호도-	
차도 しゃ どう 車道 샤도-		고속도로 こう そく どう ろ 高速道路 코-소쿠도-로	
교차로 こう さ てん 交差点 코-사텐		지하도 ち か どう 地下道 치카도-	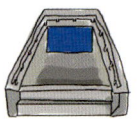
버스정류장 てい バス停 바스테이		방향표지판 ほう こう ひょう しき ばん 方向標識板 호-코-효-시키방	
육교 りっ きょう 陸橋 릿쿄-		공중전화 こう しゅう でん わ 公衆電話 쿄-슈-덴와	

Chapter 04 교통

Chapter 05 관광

Unit 01 일본 대표 관광지

하라주쿠 はらじゅく 原宿 하라쥬쿠		도쿄타워 とうきょう 東京タワー 토우쿄-타와-	
신주쿠 しんじゅく 新宿 신쥬쿠		오다이바 だいば お台場 오다이바	
에노시마 え しま 江の島 에노시마		아사쿠사 あさくさ 浅草 아사쿠사	
디즈니랜드 ディズニーランド 디즈니-란도		시부야 しぶや 渋谷 시부야	
에비스 え び す 恵比寿 에비스		우에노 うえ の 上野 우에노	

후지산 ふじさん 富士山 후지상		하코네 はこね 箱根 하코네	
후지큐 하이랜드 ふじきゅう 富士急ハイランド 후지큐하이란도		요코하마 よこはま 横浜 요코하마	
오사카성 おおさかじょう 大阪城 오-사카죠-		도톤보리 どうとんぼり 道頓堀 도-톤보리	
유니버셜스튜디오 ユニバーサルスタジオ 유니바-사루스타지오		우메다 うめだ 梅田 우메다	
나라공원(사슴공원) ならこうえん 奈良公園 나라코-엔		도다이지 とうだいじ 東大寺 토-다이지	
킨카쿠지 きんかくじ 金閣寺 킨카쿠지		기요미즈데라 きよみずでら 清水寺 키요미즈데라	
고베 포트타워 こうべ 神戸ポートタワー 코-베포-토타와-		하버랜드 ハーバーランド 하-바-란도	
기타노이진칸 きたのいじんかん 北野異人館 키타노이진칸		하우스텐보스 ハウステンボス 하우스텐보스	

벳부 지옥온천 べっぷ じ ごくおんせん 別府地獄温泉 벳부지고쿠온센 	유후인 긴린코호수 ゆ ふ いんきんりん こ 由布院金鱗湖 유후인킨린코 
다자이후 だ ざい ふ 大宰府 다카이후 	모모치해변 かいひん ももち海浜 모모치카이힝 
나카스야타이 なか す や たい 中洲屋台 나카스야타이 	아소산 あ そ さん 阿蘇山 아소상 
오타루운하 お たるうん が 小樽運河 오타루운가 	삿포로 さっぽろ 札幌 삿포로
후라노 ふ ら の 富良野 후라노 	비에이 び えい 美瑛 비에이 
하코다테 はこだて 函館 하코다테 	나가사키 ながさき 長崎 나가사키 
데지마 で じま 出島 데지마 	사세보 さ せ ぼ 佐世保 사세보 
나하 な は 那覇 나하 	아메리칸 빌리지 アメリカンビレッジ 아메리칸비렛지 

가이유칸 かいゆうかん 海遊館 카이유-칸		**고쿠라성** こくらじょう 小倉城 코쿠라죠-	
사쿠라지마 さくらじま 桜島 사쿠라지마			

관련대화

A : 여기서 제일 재미있는 곳은 어디인가요?
　ここで 一番 おもしろいところは 所ですか?
　코코데 이치방 오모시로이토코로와 토코데스카

B : 유후인에 한번 가보세요. 정말 아름다워요.
　由布院に 一度 行ってください。本当に 美しいです。
　유후잉니 이치도 잇테쿠다사이. 혼-토-니 우츠쿠시-데스

A : 네, 꼭 가볼게요.
　はい。絶対 行ってみます。
　하이. 젯타이 테미마스잇

Unit 02 일본 볼거리 (예술, 공연 및 축제)

가부키공연 か ぶ き こうえん 歌舞伎公演 가부키코-엔 	노 のう 能 노- 	분라쿠 ぶん らく 文楽 분라쿠 
우키요에 うき よ え 浮世絵 우키요에 	불꽃축제 はな び まつ 花火祭り 하나비마츠리 	간다마츠리 かん だ まつり 神田祭 칸다마츠리 
기온마츠리 ぎ おんまつり 祇園祭 기온마츠리 	텐진마츠리 てんじんまつり 天神祭 텐진마츠리	사쿠라마츠리 さくらまつ 桜祭り 사쿠라마츠리 

관련대화

A : 저는 일본의 전통공연 노를 좋아하는데 유명한 곳이 어디일까요?
わたし　に ほん　でんとうこうえん　のう　す
私は 日本の 伝統公演の 能が 好きなんですけど、
ゆうめい
有名な ところはどこですか?
와타시와 니혼노 덴토우코-엔노 노-가 스키난데스케도, 유-메이나 토코로와 도코데스카

B : 노공연은 오사카가 유명합니다.
のうこうえん　　おおさか　　ゆうめい
能公演は 大阪が 有名です。
노-코-엔와 오-사카가 유-메이데스

관련단어

관객/청중	かんきゃく ちょうしゅう 観客/ 聴衆	칸캬쿠/쵸-슈-

Unit 03 나라 이름

아시아 アジア 아지아

대한민국(한국)		중국	
かんこく 韓国 칸코쿠		ちゅうごく 中国 츄-고쿠	

일본
にほん
日本
니혼

대만
たいわん
台湾
타이완

필리핀
フィリピン
휘리핀

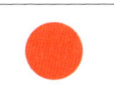  

인도네시아
インドネシア
인도네시아

인도
インド
인도

파키스탄
パキスタン
파키스탄

우즈베키스탄
ウズベキスタン
우즈베키스탄

카자흐스탄
カザフスタン
카자후스탄

러시아
ロシア
로시아

몽골
モンゴル
몬고루

태국
タイ
타이

Chapter 05 관광

유럽 ヨーロッパ 유-롯파

스페인
スペイン
스페인

프랑스
フランス
후란스

포르투갈
ポルトガル
포루토가르

아이슬란드
アイスランド
아이스란도

스웨덴
スウェーデン
스웨-덴

노르웨이
ノルウェー
노루웨-

핀란드
フィンランド
힌란도

아일랜드
アイルランド
아이루란도

영국
えい こく
英国/イギリス
에이코쿠 / 이기리스

독일
ドイツ
도이츠

라트비아
ラトビア
라도비아

벨라루스
ベラルーシ
베라루-지

우크라이나
ウクライナ
우쿠라이나

루마니아
ルーマニア
루-마니아

이탈리아
イタリア
이타리아

그리스
ギリシャ
기리샤

북아메리카 北米/北アメリカ 키타 아메리카

미국
米国/アメリカ
베이코쿠/아메리카

캐나다
カナダ
카나다

그린란드
グリーンランド
구린-란도

남아메리카 南米/南アメリカ 미나미 아메리카

멕시코
メキシコ
메키시코

쿠바
キューバ
큐-바

과테말라
グアテマラ
구아테마라

베네수엘라
ベネズエラ
베네즈에라

에콰도르
エクアドル
에쿠아도루

페루
ペルー
페루-

브라질
ブラジル
브라지루

볼리비아
ボリビア
보리비아

파라과이
パラグアイ
파라구아이

칠레
チリ
치리

아르헨티나
アルゼンチン
아루젠친

우루과이
ウルグァイ
우루구아이

Chapter 05 관광

중동 中東 츄-토우

튀르키예
トルコ
도루코

시리아
シリア
시리아

이라크
イラク
이라쿠

요르단
ヨルダン
요루단

이스라엘
イスラエル
이스라에루

레바논
レバノン
레바논

오만
オマーン
오만-

아프가니스탄
アフガニスタン
아후가니스탄

사우디아라비아
サウジアラビア
사우지아라비아

아프리카 アフリカ 아후리카

모로코
モロッコ
모롯코

알제리
アルジェリア
아루제리아

리비아
リビア
리비아

수단
スーダン
스-단

나이지리아 ナイジェリア 나이제리아		**에티오피아** エチオピア 에치오비아	
케냐 ケニア 케니아			

오세아니아  오세아니아

오스트레일리아 オーストラリア 오-스토라리아		**뉴질랜드** ニュージーランド 뉴-지-란도	
피지 フィジー 휘지-			

관련대화

A : 어느 나라에 가고 싶어요?

　どの 国に 行きたいですか?
　도노 쿠니니 이키타이데스카

B : 프랑스에 가고 싶어요.

　フランスに 行きたいです。
　후란스니 이키타이데스

A : 왜요?

どうして?
도우시테

B : 왜냐하면 프랑스에는 아름다운 건축물과 박물관이 많이 있기 때문입니다.

なぜならば フランスには 美しい 建物と 博物館が 多いからです。
나제나라와 후란스니와 우츠쿠시이 타테모노토 하쿠부츠칸가 오오이카라데스

관련단어

국가	国家	콧카
인구	人口	진코쿠
수도	首都	슈토
도시	都会	토카이
시민	市民	시민
분단국가	分断国家	분단콧카
통일	統一	토-이츠
민주주의	民主主義	민슈슈기
사회주의	社会主義	샤카이슈기
공산주의	共産主義	쿄-상슈기
선진국	先進国	센신코쿠
개발도상국	開発途上国	카이하츠토죠-코쿠

후진국	後進国	코-신코쿠
전쟁	戦争	센소-
분쟁	紛争	훈소-
평화	平和	헤이와
고향	故郷	후루사토
이민	移民	이민
태평양	太平洋	타이헤-요우
대서양	大西洋	타이세-요우
인도양	インド洋	인도요우
3대양	三大洋	산다이요우
7대주	七大州	나나다이슈-

Unit 04 세계 도시

로스앤젤레스	뉴욕
ロサンゼルス	ニューヨーク
로산제루스	뉴-요-쿠

워싱턴DC	샌프란시스코
ワシントンD.C.	サンフランシスコ
와신톤디씨	산후란시스코

파리	런던	베를린
パリ	ロンドン	ベルリン
파리	론돈	베루린

로마	서울	북경
ローマ	ソウル	<ruby>北京<rt>ぺきん</rt></ruby>
로-마	소우루	베킹

도쿄	상해	시드니
<ruby>東京<rt>とうきょう</rt></ruby>	<ruby>上海<rt>しゃんはい</rt></ruby>	シドニー
토-쿄-	샹하이	시도니-

관련대화

A : 샌프란시스코에 가본 적 있어요?

　サンフランシスコに 行ったことが ありますか?
　산후안시스코니 잇타코토가 아리마스카

B : 네, 가본 적이 있어요.

はい、行ったことが あります。
하이, 잇타코토가 아리마스

아니요, 가본 적이 없어요.

いいえ、行ったことが ないです。
이이에, 잇타코토가 나이데스

A : 샌프란시스코는 어때요?

サンフランシスコは どうですか?
산후안시스코와 도우데스카

B : 너무 좋아요.

本当に 良いです。
혼토- 이이데스

Part 3
비즈니스 단어

Chapter 01. 경제
Chapter 02. 회사
Chapter 03. 증권, 보험
Chapter 04. 무역
Chapter 05. 은행

Chapter 01 경제

값이 비싼	값이 싼
値段が 高い 네단가 타카이	値段が 安い 네단가 야스이

경기불황	경기호황
景気不況 케이키후쿄- 	好景気 코우케이키 

공급받다	공급하다
供給を 受ける 쿄-큐-오 우케루 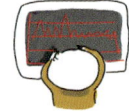	供給する 쿄-큐스루 

고객/의뢰인	낭비	도산, 파산
お客様/依頼者 오캬쿠사마 / 이라이샤	浪費 로-히	倒産 토-상 

불경기	물가상승
不景気 후케이키 	物価上昇 붓카죠-쇼- 

물가하락	돈을 벌다
物価下落 붓카게라쿠 	お金を もうける 오카네오 모우케루 

무역수지 적자 ぼうえきしゅうあかじ 貿易収赤字 보-에키슈-시아가지		무역수지 흑자 ぼうえきしゅうしくろじ 貿易収支黒字 보-에키슈-시쿠로지	
상업광고 しょうぎょうこうこく 商業広告 쇼-교-코-코쿠		간접광고(PPL) かんせつこうこく 間接広告 칸세츠코-코쿠	
제조/생산 せいぞう せいさん 製造/生産 세이조우/세이상		수입 ゆにゅう 輸入 유뉴-	
수출 ゆしゅつ 輸出 유슈츠		중계무역 なかつぎぼうえき 中継貿易 나카츠기보-에키	
수수료 コミッション 코밋숀		이익 りえき 利益 리에키	
전자상거래 でんししょうとりひき 電子商取引 뎅시쇼-토리히키		투자하다 とうし 投資する 토우시스루	

관련대화

A : 전자상거래는 지금 완전히 포화상태인 거 같아요.
でんししょうとりひき いま ほうわじょうたい おも
電子商取引は 今 飽和状態にあると 思います。
뎅시쇼-토리히키와 이마 호우와죠-타이니아루토 오모이마스

B : 그렇죠. 전자상거래는 지금 완전히 레드오션이에요.

そうでしょう。電子商取引は 今 完全に レッドオーシャンだと思います。

소우데쇼-. 뎅시쇼-토리히키와 이마 칸젠니 렛도오-샨다토오모이마스

관련단어

독점권	独占権	도쿠센켄
총판권	一手販売権	잇테한바이켄
상표권	商標権	쇼-효-켄
상표권침해	商標権侵害	쇼-효-켄신가이
특허권	特許権	톳쿄켄
저작권	著作権	쵸사쿠켄
저작권침해	著作権侵害	쵸사쿠켄신가이
특허권침해	特許権侵害	톳쿄켄신가이
인증서	認証書	닌쇼-쇼
해외법인	海外法人	카이가이호-징
자회사	子会社	코가이샤
사업자등록증	事業者登録証	지교-샤토-로쿠쇼
오프라인	オフライン	오후라인
온라인	オンライン	온라인
레드오션전략	レッドオーシャン戦略	렛도오-샨 센랴쿠

블루오션전략	ブルーオーシャン 戦略(せんりゃく)	부루-오-샨 센랴쿠
퍼플오션전략	パープルオーシャン 戦略(せんりゃく)	파-부루오-샨 센랴쿠
인플레이션	インフレーション(=インフレ)	인후레-숀(인후레)
디플레이션	デフレーション(=デフレ)	데후레-숀(데후레)
성공	成功(せいこう)	세이코-
실패	失敗(しっぱい)	싯파이
벼락부자	成金(なりきん)	나리킨

Chapter 02 회사

Unit 01 직급, 지위

회장 かいちょう 会長 카이쵸-	사장 しゃちょう 社長 샤쵸-

부사장 ふくしゃちょう 副社長 후쿠샤쵸-	부장 ぶちょう 部長 부쵸- 	차장 じちょう 次長 지쵸- 

과장 かちょう 課長 가쵸- 	대리 だいり 代理 다이리 	주임 しゅにん 主任 슈닝 

사원 しゃいん 社員 샤잉 	상사 じょうし 上司 죠-시 	동료 どうりょう 同僚 도-료- 

부하 ぶか 部下 부카 	신입사원 しんにゅうしゃいん 新入社員 신뉴-샤잉 

계약직		정규직	
けいやくしゃいん **契約社員** 케이야쿠샤잉		せいしゃいん **正社員** 세이샤잉	

관련대화

A : 가와모토 과장, 승진을 축하합니다.
   かわもと かちょう しょうしん   ござ
   川本 課長、昇進 おめでとう御座います。
   카와모토 카쵸-, 쇼-싱 오메데토우고자이마스

B : 감사합니다. 모두 카네코상 덕분이에요.
                ぜんぶ かねこ
   ありがとう。全部 金子さんの おかげです。
   아리가토우. 젠부 카네코상노 오카게데스

관련단어

임원	やくいん 役員	야쿠잉
고문	こもん 顧問	코몬
중역	じゅうやく 重役	쥬-야쿠
전무	せんむ 専務	센무
상무	じょうむ 常務	죠우-무
대표	だいひょう 代表	다이효우

Unit 02 부서

구매부 こうばい ぶ **購買部** 코우바이부		기획부 き かく ぶ **企画部** 키카쿠부
법무부 ほう む ぶ **法務部** 호-무부	연구개발부 けんきゅうかいはつ ぶ **研究開発部** 켄큐-카이하츠부	관리부 かん り ぶ **管理部** 칸리부
회계부 かいけい ぶ **会計部** 카이케이부	영업부 えいぎょう ぶ **営業部** 에이교-부	인사부 じん じ ぶ **人事部** 징지부
자금부 し きん ぶ **資金部** 시킹부	경영전략부 けいえいせんりゃく ぶ **経営戦略部** 케이에이센랴쿠부	해외영업부 かいがいえいぎょう ぶ **海外営業部** 카이가이에이교부

Unit 03 근무시설 및 사무용품

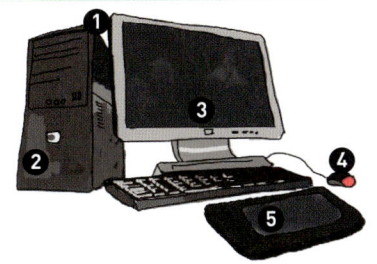

① 컴퓨터
コンピューター
콘퓨-타-

② 본체
ほんたい
本体
혼타이

③ 모니터
モニター
모니타-

④ 마우스
マウス
마우스

⑤ 태블릿
タブレット
타부렛토

① 노트북
ノートパソコン
노토파소콘

② 책상
つくえ
机
츠쿠에

③ 서랍
ひ　だ
引き出し
히키다시

④ 팩스	⑤ 복사기	⑥ 전화기
ファックス	コピー機	電話機
홧쿠스	코피-키	뎅와키
⑦ A4용지	⑧ 스캐너	⑨ 계산기
A4用紙	スキャナー	計算機
에이포요-시	스캬나-	케이상키
⑩ 공유기	⑪ 일정표	⑫ 테이블
アクセスポイント	日程表	テーブル
아쿠세스포인토	닛테이효-	테-부루
⑬ 핸드폰	⑭ 스마트폰	
携帯電話	スマートフォン	
케이타이뎅와	스마-토혼	

관련대화

A : 컴퓨터가 아침부터 계속 안 되네요.

コンピューターが 朝から ずっと 使えません。

콘퓨-타-가 아사카라 즛토 츠카에마센

B : 재부팅해 보세요.

再起動 してみてください。

사이키도우 시테미테쿠다사이

관련단어

재부팅	再起動(さいきどう)	사이키도우
아이콘	アイコン	아이콘
커서	カーソル	카-소루
클릭	クリック	쿠릿쿠
더블클릭	ダブルクリック	다부루쿠리쿠
홈페이지	ホームページ	호무페-지
메일주소	メールアドレス	메-루아도레스
첨부파일	添付(てんぷ)ファイル	텐푸햐이류
받은편지함	メールの受信箱(じゅしんばこ)	메루노 쥬신바코
보낸편지함	メールの送信箱(そうしんばこ)	메루노 소-신바코
스팸메일	スパムメール	스파무메-루
댓글	スレッド	스렛도
방화벽	ファイアウォール	화이아워-루

Unit 04 근로

고용하다 やと 雇う 야토우	고용주 こ ようぬし 雇用主 코요우누시 	임금/급여 ちんぎん／きゅう よ 賃金/給与 친긴/큐-요 
수수료 て すうりょう 手数料 테수-료- 	해고하다 かい こ 解雇する 카이코 스루	인센티브 インセンティブ 인센티부 
승진 しょうしん 昇進 쇼-신 	출장 しゅっちょう 出張 슛쵸- 	회의 かい ぎ 会議 가이기 
휴가 やす 休み 야스미 	출근 しゅっきん 出勤 슛킹 	퇴근 たいきん 退勤 타이킹 
조퇴 そうたい 早退 소우타이 	지각 ち こく 遅刻 치코쿠 	잔업 ざんぎょう 残業 잔쿄- 
연봉 ねんぽう 年俸 넹보- 	이력서 り れきしょ 履歴書 리레키쇼 	가불 かりばら 仮払い 카리바라이 
은퇴 いんたい 引退 인타이 	회식 かいしょく 会食 가이쇼쿠 	

관련대화

A : 오늘 회식이니 모두 참석해주시기 바랍니다.
今日は 会食が ありますので、皆様ご出席お願いします。
쿄-와 카이쇼쿠가 아리마스노데, 민나사마 고슛세키 오네가이시마스

B : 네, 알겠습니다.
はい、分かりました。
하이, 와카리마시타

관련단어

연금	年金	넹킹
보너스	ボーナス	보-나스
월급날	月給日	겟큐-비
아르바이트	アルバイト	아루바이토
급여인상	給与引き上げ	큐-요히키아게

Chapter 03 증권, 보험

증권거래소 かぶしき とり ひき じょ **株式取引所** 가부시키토리히키쇼 	증권중개인 かぶしき なかがいにん **株式仲買人** 카부시키나카가이닝
주주 かぶぬし **株主** 가부누시	주식, 증권 かぶしき しょうけん **株式/証券** 가부시키 / 쇼-켄 
배당금 はい とう きん **配当金** 하이토-킹 	선물거래 さき もの とり ひき **先物取引** 사키모노토리히키 
주가지수 かぶ か し すう **株価指数** 카부카시스- 	장기채권 ちょう き さいけん **長期債券** 쵸-키사이켄 
보험계약자 ほ けんけい やくしゃ **保険契約者** 호켄케이야쿠샤 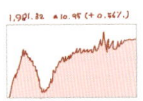	보험회사 ほ けんがいしゃ **保険会社** 호켄가이샤 
보험설계사 ほ けんがいこういん **保険外交員** 호켄가이코-잉 	보험에 들다 ほ けん はい **保険に入る** 호켄니하이루 

보험증서	보험약관
ほけんしょうしょ 保険証書 	ほけんやっかん 保険約款 
호켕쇼-쇼	호켄약칸

보험료	보상금	피보험자
ほけんりょう 保険料 	ほうしょうきん 報償金 	ひほけんしゃ 被保険者 
호켄료-	호-쇼-킹	히마켄샤

관련단어

보증양도증서	ほしょうじょうとしょうしょ 保証譲渡証書	호쇼-죠-토쇼-쇼
파생상품	はせいしょうひん 派生商品	하세이쇼-힝
보험해약	ほけんかいやく 保険解約	호켄가이야쿠
보험금	ほけんきん 保険金	호켄킹
투자자	とうしか 投資家	토우시카
투자신탁	とうししんたく 投資信託	토우시신타쿠
자산유동화	しさんりゅうどうか 資産流動化	시산료-도우카
유상증자	ゆうしょうぞうし 有償増資	유-쇼-조-시
무상증자	むしょうぞうし 無償増資	무쇼-조-시
주식액면가	かぶしきがくめんか 株式額面価	카부시키가쿠멘카
기관투자가	きかんとうしか 機関投資家	키칸토-시카

Chapter 04 무역

물물교환	物物交換 (ぶつぶつこうかん)	부츠부츠코-칸
구매자, 바이어	購買者/バイヤー (こうばいしゃ)	코-바이샤 / 바이야-
클레임	クレーム	쿠레-무
덤핑	ダンピング	단핀구
수출	輸出 (ゆしゅつ)	유슈츠
수입	輸入 (ゆにゅう)	유뉴-
선적	船籍 (せんせき)	센세키
무역 보복	貿易報復 (ぼうえきほうふく)	보-에키호-후쿠
주문서	注文書 (ちゅうもんしょ)	츄-몬쇼
LC신용장	LC信用状 (しんようじょう)	엘씨신요-쵸-
관세	関税 (かんぜい)	칸제이
부가(가치)세	付加税 (ふかぜい)	후카제이
세관	税関 (ぜいかん)	제이칸

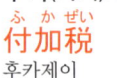

포워더(세관중개인)	보세구역
フォワーダー 	保税地域 
효와-다-	호제이치이키

관련대화

A : 일본에는 화장품 위생허가(JFDA)가 있나요?

日本には 化粧品の 衛生許可が ありますか?

니혼니와 케쇼-힝노 에이세이쿄카가 아리마스카

B : 네 있어요.

はい、あります。

하이, 아리마스

관련단어

박리다매	薄利多売	하쿠리다바이
컨테이너	コンテナ	콘테나
무역회사	貿易会社	보우에키카이샤
입찰	入札	뉴-사츠
패킹리스트	パッキングリスト	팟킨구리스토
인보이스	インボイス	인보이스

Chapter 05 은행

신용장	주택담보대출
しんようじょう 信用状 신요-죠- 	じゅうたくたんぽかしだし 住宅担保貸し出し 쥬-타쿠탄포카시다시

이자	대출	입금
りし 利子 리시 	かしだし 貸し出し 카시다시 	にゅうきん 入金 뉴-킨 

출금	통장	송금
しゅっきん 出金 슛킨 	つうちょう 通帳 츠-쵸- 	そうきん 送金 소-킨 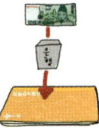

현금인출기	수표
げんきんしはらいき 現金支払い機 겐킹시하라이키 	こぎって 小切手 코깃테 

온라인 송금	외화송금
そうきん オンライン送金 온라인소-킨 	がいかそうきん 外貨送金 가이카소-킨 

환전	신용등급
りょうがえ 両替 료-가에 	しんようかくづけ 信用格付け 신요-카쿠즈케 

관련대화

A : 주택담보로 집을 사고 싶은데요.
　　住宅担保で 家を 買いたいんですけど。
　　쥬-타쿠탄보데 이에오 카이타일데스케도

B : 네 신용등급이 높아서 아마 괜찮겠는데요. 잠시만 기다려 보세요.
　　はい、信用格付が 高いので大丈夫だと思います。
　　ちょっとお待ち いただけますか。
　　하이, 신요우카쿠즈가 다카이노데 다이죠-부다토오모이마스. 촛토오마치 이타다케마스카

관련단어

매매기준율	売買基準率	바이바이키쥰리츠
송금환율	送金為替	소우킨가와세
현찰살 때 환율	現金買い入れレート	겐킹카이이레레-토
현찰팔 때 환율	現金売り渡しレート	겐킹우리와타시레-토
신용카드	クレジットカード	쿠레줏토 카-도
상환	償還	쇼-칸
연체	延滞	엔타이
고금리	高金利	코-킹리
저금리	低金利	테이킹리
담보	担保	탄포
주택저당증권	モーゲージ	모-게-지

채권	債券（さいけん）	사이켄
계좌	口座（こうざ）	코우자
적금	積金（つみきん）	츠미킹

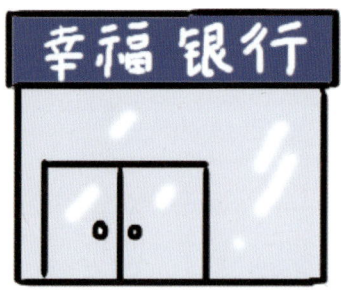

컴팩트
단어장

Part 01. 일상생활 단어
Part 02. 여행 단어
Part 03. 비즈니스 단어

Part 1 일상생활 단어

Chapter 01. 개인소개

Unit 01 성별, 노소　　　　22쪽

여자	女 (おんな)	온나
남자	男 (おとこ)	오토꼬
노인	老人 (ろうじん)	로-징
중년	中年 (ちゅうねん)	츄-넹
소년	少年 (しょうねん)	쇼-넹
소녀	少女 (しょうじょ)	쇼-죠
청소년	青少年 (せいしょうねん)	세이쇼-넹
임산부	妊産婦 (にんさんぷ)	닝산푸
어린이	子供 (こども)	꼬도모
미취학아동	幼児 (ようじ)	요우지
아기	赤子 (あかご)	아카고

Unit 02 가족　　　　23쪽

친가

친할아버지	祖父 (そふ) / おじいさん	소후 / 오지-상
친할머니	祖母 (そぼ) / おばあさん	소보 / 오바-상
고모	父の姉妹 (ちち の しまい) / おばさん	치치노 시마이 / 오바상
고모부	父の姉妹の夫 (ちち の しまい の おっと) / おじさん	치치노 시마이 노 옷토 / 오지상
삼촌	叔父 (しゅくふ) / おじさん	슈쿠후 / 오지상
숙모	叔父の妻 (しゅくふ の つま) / おばさん	슈쿠후노 츠마 / 오바상
아버지(아빠)	父 (ちち) / お父さん (おとうさん)	치치 / 오토-상
어머니(엄마)	母 (はは) / お母さん (おかあさん)	하하 / 오카-상
사촌남자형제	従兄弟 (いとこ) / お兄さん (にいさん)	이토꼬 / 오니-상
사촌여자형제	従姉妹 (いとこ) / お姉さん (ねえさん)	쥬-시마이 / 오네-상
나	私 (わたし)	와타시

외가　　　　24쪽

외할아버지	外祖父 (がいそふ) / お祖父さん (おじいさん)	가이소후 / 오지-상
외할머니	外祖母 (がいそぼ) / お婆さん (ばあさん)	가이소보 / 오바-상
외삼촌	叔父 (しゅくふ) / おじさん	슈쿠후 / 오지상
외숙모	叔母 (しゅくぼ) / おばさん	슈쿠보 / 오바상
이모	母の姉妹 (はは の しまい) / おばさん	하하노시마이 / 오바상
이모부	母の姉妹の夫 (はは の しまい おっと) / おじさん	하하노시마이노 옷토 / 오지상
어머니(엄마)	母 (はは) / お母さん (かあさん)	하하 / 오카-상
아버지(아빠)	父 (ちち) / お父さん (とう)	치치 / 오토-상
외사촌 남자 형제	従兄弟 (いとこ) / お兄さん (にい)	이토꼬 / 오니-상
외사촌 여자 형제	従姉妹 (いとこ) / お姉さん (ねえ)	쥬-시마이 / 오네-상

직계 26쪽

아버지(아빠)	父 / お父さん	치치 / 오토-상
어머니(엄마)	母 / お母さん	하하 / 오카-상
언니 / 누나	姉 / お姉さん	아네 / 오네-상
형부 / 매형 (매부)	義理の兄	기리노아니
오빠 / 형	兄 / お兄さん	아니 / 오니-상
새언니 / 형수	義理の姉	기리노아네
남동생	弟 / 弟さん	오토-토 / 오토-토상
제수 / 올케	義理の妹	기리노이모-토
여동생	妹 / 妹さん	이모-토 / 이모-토상
제부 / 매제	義理の弟	기리노오토-토
나(부인)	私 / 婦人	와타시 / 후징
남편	主 / ご主人	옷토 / 고슈징
여자조카	姪	메이
남자조카	甥	오이
아들	息子	무스코
며느리	嫁	요메
딸	娘	무스메
사위	婿	무코
손자	孫	마고
손녀	孫娘	마고스메

관련단어 28쪽

외동딸	一人娘	히토리무스메
외동아들	一人息子	히토리무스코
결혼하다	結婚する	겟콘스루
이혼하다	離婚する	리콘스루
신부	新婦	신뿌
신랑	新郎	신로우
면사포	ベール	베-루
약혼	婚約	콘야쿠
독신주의자	独身主義者	도쿠신슈기샤
과부	寡	야모메
기념일	記念日	키넹비
친척	親類	신루이

Unit 03 삶(인생) 29쪽

태어나다	生れる	우마레루
백일	百日	햐쿠니치
돌잔치	一歳の誕生日のお祝い	잇사이노탄조비노오이와이
유년시절	幼少時代	요-쇼-지다이
학창시절	学生時代	각세이지다이
첫눈에 반하다	一目ぼれする	히토메보레스루
삼각관계	三角関係	산카쿠칸케-
이상형	理想のタイプ	리소-노타이프
사귀다	付き合う	츠키아우
연인	恋人	코이비토
여자친구	彼女	카노죠
남자친구	彼氏	카레시

249

이별	別れ	와카레
재회	再会	사이카이
청혼	求婚	큐-콘
약혼하다	婚約する	콘야쿠스루
결혼	結婚	켓콘
신혼여행	新婚旅行	신콘료코우
임신	妊娠	닝신
출산	出産	슛산
득남	男の子誕生	오토꼬노코 탄죠우
득녀	女の子誕生	온나노코 탄죠우
육아	育児	이쿠지
학부모	父兄	후케이
중년	中年	츄넹
노년	老年	로-넹
유언	遺言	유이곤
사망	死亡	시보우
장례식	葬式	소-시키
천국에 가다	天国に逝く	뎅고쿠니 이쿠

관련단어 30쪽

홀아비	男やもめ	오토코야모메
젊다	若い	와카이
늙다	老ける	후케루
기일	命日	메이니치

Unit 04 직업 31쪽

간호사	看護師	칸고시
약사	薬剤師	야쿠자이시
의사	医者	이샤
가이드	ガイド	가이도
선생님/교사	先生/教師	센세이/쿄-시
교수	教授	쿄-쥬
가수	歌手	카슈
음악가	音楽家	온가쿠카
화가	画家	가카
소방관	消防官	쇼우보우칸
경찰관	警察官	케이사츠칸
공무원	公務員	코-무인
요리사	料理人 (コック)	료-리닌/콕쿠
디자이너	デザイナー	데자이나-
승무원	客室乗務員	캬쿠시츠죠-무잉
판사	判事	한지
검사	検事	켄지
변호사	弁護士	벤고시
사업가	事業家	지교우카
회사원	会社員	카이샤잉
학생	学生	각세-
운전기사	運転手	운텡슈
남자농부/여자농부	農夫/農婦	노-후/노-후
가정주부	家庭の主婦	카테이노슈후
작가	作家	삿카

정치가	政治家 (せいじか)	세이지카
세일즈맨	セールスマン	세-르스망
미용사	美容師 (びようし)	비요-시
군인	軍人 (ぐんじん)	궁징
은행원	銀行員 (ぎんこういん)	긴코-인
엔지니어	エンジニア	엔지니아
통역원	通役員 (つうやくいん)	츠-야쿠인
비서	秘書 (ひしょ)	히쇼
회계사	会計士 (かいけいし)	카이케이시
이발사	理髪師 (りはつし)	리하츠시
배관공	配管工 (はいかんこう)	하이칸코-
수의사	獣医師 (じゅういし)	쥬-이시
건축가	建築家 (けんちくか)	켄치쿠카
편집자	編集者 (へんしゅうしゃ)	헨슈-샤
성직자	聖職者 (せいしょくしゃ)	세이쇼쿠샤
심리상담사	心理カウンセラー (しんり)	신리카운세라-
형사(사법경찰)	刑事 (けいじ)	케-지
방송국PD	放送局プロデューサー (ほうそうきょく)	호-소-쿄쿠 프로듀-사-
카메라맨	カメラマン	카메라망
예술가	アーティスト	아-티스토
영화감독	映画監督 (えいがかんとく)	에이가칸토쿠
영화배우	映画俳優 (えいがはいゆう)	에이가하이유-
운동선수	運動選手 (うんどうせんしゅ)	운도-센슈
목수	大工 (だいく)	다이쿠
프리랜서	フリーランサー	후리-란사

Unit 05 별자리　　　　　35쪽

양자리	牡羊座 (おひつじざ)	오히츠지자
황소자리	牡牛座	오-시자
쌍둥이자리	双子座 (ふたご)	후타고자
게자리	蟹座 (かにざ)	카니자
사자자리	獅子座 (ししざ)	시시자
처녀자리	乙女座 (おとめざ)	오토메자
천칭자리	天秤座 (てんびんざ)	텡빙자
전갈자리	蠍座 (さそりざ)	사소리자
사수자리	射手座 (いてざ)	이테자
염소자리	山羊座 (やぎざ)	야기자
물병자리	水瓶座 (みずがめざ)	미즈가메자
물고기자리	魚座 (うおざ)	우오자

Unit 06 혈액형　　　　　36쪽

A형	A型 (がた)	에이가타
B형	B型 (がた)	비가타
O형	O型 (がた)	오가타
AB형	AB型 (がた)	에이비가타

관련단어　　　　　36쪽

피	血 (ち)	치
헌혈	献血 (けんけつ)	켄케츠
혈소판	血小板 (けっしょうばん)	켓쇼우방
혈관	血管 (けっかん)	켁칸
적혈구	赤血球 (せっけっきゅう)	섹켁큐-

Unit 07 띠　　　　　　　　　　37쪽

쥐	鼠/子	네즈미 / 네
소	牛/丑	우시 / 우시
호랑이	虎/寅	토라 / 토라
토끼	兎/卯	우사기 / 우
용	竜/辰	다츠 / 타츠
뱀	蛇/巳	헤비 / 미
말	馬/午	우마 / 우마
양	羊/未	히츠지 / 히츠지
원숭이	猿/申	사루 / 사루
닭	鶏/酉	토리 / 토리
개	犬/戌	이누 / 이누
돼지	猪/亥	이노시시 / 이

Unit 08 성격　　　　　　　　　38쪽

명랑해요	明るいです	아카루이데스
상냥해요	優しいです	야사시이데스
친절해요	親切です	신세츠데스
당당해요	堂々としています	도-도-도시테이마스
야무져요	しっかりしています	식카리시테이마스
고상해요	上品です	죠-힝데스
통이 커요	気前がいいです	키마에가 이이데스
눈치가 빨라요	気が利きます	키가 키키마스
솔직해요	率直です	솟쵸쿠데스
적극적이에요	積極的です	섹쿄쿠데키데스
사교적이에요	社交的です	샤코우데키데스
꼼꼼해요	細かいです	고마카이데스
덜렁거려요	そそっかしいです	소솟카시이데스
겁쟁이에요	怖がりです	고와가리데스
보수적이에요	保守的です	호슈테키데스
개방적이에요	開放的です	카이호우테키데스
뻔뻔해요	厚かましいです	아츠카마시이데스
심술궂어요	意地悪です	이지와루데스
긍정적이에요	肯定的です	고우테이테키데스
부정적이에요	否定的です	히테이테키데스
다혈질이에요	短気です	탄키데스
냉정해요	冷静です	레이세이데스
허풍쟁이에요	ほら吹きです	호라후키데스
소심해요	気が小さいです	키가 츠이사이데스
소극적이에요	消極的です	쇼-쿄쿠테키데스
자애로워요	慈しみ深いです	이츠쿠시미부카이데스
겸손해요	謙遜します	켄손시마스
진실돼요	真実です	신지츠데스
동정심이 많아요	情け深いです	나사케 부카이데스

인정이 많아요	情が 厚いです	죠-가 아츠이데스
버릇없어요	行儀が 悪いです	교-기가 와루이데스
잔인해요	惨いです	무고이데스
거만해요	傲慢です	고-만데스
유치해요	幼いです	오사나이데스
내성적이에요	内向的です	나이코-테키데스
외향적이에요	外向的です	가이코-테키데스

관련단어 41쪽

성향	性向	세이코-
기질	気質	키시츠
울화통	癇癪玉	칸샤쿠다마
(울화통이 터지다)	癇癪起こす。	칸샤쿠 오코스
성격	性格	세이카쿠
인격	人格	진카쿠
장점	長所	쵸-쇼
태도	態度	타이도
관계	関係	칸케이
말투	言葉遣い	코토바즈카이
표준어	標準語	효쥰고
사투리	方言	호-겐

Unit 09 종교 42쪽

천주교	天主教	텡슈코-
기독교	キリスト教	키리스토쿄-
불교	仏教	북쿄-
이슬람교	イスラム教	이스라무쿄-
유대교	ユダヤ教	유다야쿄-
무교	無教	무쿄-
도교	道教	도-쿄-

관련단어 43쪽

성당	天主堂	텡슈도-
교회	教会	쿄-카이
절	寺	테라
성서 / 성경	聖書/聖経	세-쇼/세이쿄-
경전	経典	쿄-텐
윤회	輪廻	린네
전생	転生	텐쇼-
성모마리아	聖母マリア	세이보마리아
예수	イエス	이에스
불상	仏像	부츠조-
부처	仏	호토케
종교	宗教	슈-쿄-
신부	神父	신푸
수녀	修女	슈-죠
승려	僧	소-
목사	牧師	보쿠시

Chapter 02. 신체

Unit 01 신체명 44쪽

머리	頭(あたま)	아타마
눈	目(め)	메
코	鼻(はな)	하나
입	口(くち)	쿠치
이	歯(は)	하
귀	耳(みみ)	미미
목	首(くび)	쿠비
어깨	肩(かた)	카타
가슴	胸(むね)	무네
배	腹(はら)	하라
손	手(て)	테
다리	足(あし)	아시
무릎	膝(ひざ)	히자
발	足(あし)	아시
등	背中(せなか)	세나카
머리카락	髪の毛(かみのけ)	카미노케
팔	腕(うで)	우데
허리	腰(こし)	코시
엉덩이	お尻(しり)	오시리
발목	足首(あしくび)	아시쿠비
(턱)수염	顎鬚(あごひげ)	아고히게
구레나룻	頬鬚(ほおひげ)	호오히게
눈꺼풀	目蓋(まぶた)	마부타
콧구멍	鼻孔(びこう)	비코우
턱	顎(あご)	아고
눈동자	瞳(ひとみ)	히토미
목구멍	喉(のど)	노도
볼 / 뺨	頬(ほお)	호오
배꼽	臍(へそ)	헤소
손톱	爪(つめ)	츠메
손목	手首(てくび)	테쿠비
손바닥	手のひら(て)	테노히라
혀	舌(した)	시타
피부	肌(はだ)	하다
팔꿈치	肘(ひじ)	히지
갈비뼈	肋骨(ろっこつ)	록코츠
고막	鼓膜(こまく)	코마쿠
달팽이관	蝸牛管(かぎゅうかん)	카규-칸
뇌	脳(のう)	노우
폐	肺(はい)	하이
간	肝(きも)	키모
심장	心臓(しんぞう)	신조우
다리뼈	大腿骨(だいたいこつ)	다이타이코츠
근육	筋肉(きんにく)	킨니쿠
위	胃(い)	이
대장	大腸(だいちょう)	다이쵸우
식도	食道(しょくどう)	쇼쿠도우

관련단어		47쪽	배탈	腹痛 (ふくつう)	후쿠츠-
건강하다	健康だ (けんこう)	켄코우다	설사	下痢 (げり)	게리
근시	近視 (きんし)	킨시	장티푸스	腸チフス (ちょう)	쵸-치후스
난시	乱視 (らんし)	란시	결핵	結核 (けっかく)	켁카쿠
대머리	はげ頭 (あたま)	아타마	고산병	高山病 (こうざんびょう)	코-잔뵤-
동맥	動脈 (どうみゃく)	도-먀쿠	광견병	狂犬病 (きょうけんびょう)	쿄-켄뵤-
정맥	静脈 (じょうみゃく)	죠-먀쿠	뎅기열	デング熱 (ねつ)	덴구네츠
맥박	脈 (みゃく)	먀쿠	저체온증	低体温症 (ていたいおんしょう)	테이타이온쇼-
체중	体重 (たいじゅう)	타이쥬-	폐렴	肺炎 (はいえん)	하이엔
세포	細胞 (さいぼう)	사이보-	식중독	食中毒 (しょくちゅうどく)	쇼쿠쵸-도쿠
소화하다	熟す (こな)	코나스	기관지염	気管支炎 (きかんしえん)	키칸시엔
시력	視力 (しりょく)	시료쿠	열사병	熱射病 (ねっしゃびょう)	렛샤뵤-
주름살	しわ	시와	치통	歯痛 (はいた)	하이타
지문	指紋 (しもん)	시몬	간염	肝炎 (かんえん)	칸엔
			고열	高熱 (こうねつ)	코-네츠
Unit 02 병명		**48쪽**	골절	骨折 (こっせつ)	콧세츠
천식	喘息 (ぜんそく)	젠소쿠	기억상실증	記憶喪失 (きおくそうしつ)	기오쿠소-시츠
고혈압	高血圧 (こうけつあつ)	코-케츠아츠	뇌졸중	脳卒中 (のうそっちゅう)	노-솟츄-
소화불량	消化不良 (しょうかふりょう)	쇼-카후료-	독감	インフルエンザ	인후루엔자
당뇨병	糖尿病 (とうにょうびょう)	도-뇨-뵤-	두통	頭痛 (ずつう)	즈츠-
생리통	生理痛 (せいりつう)	세이리츠-	마약중독	麻薬中毒 (まやくちゅうどく)	마야쿠츄-도쿠
알레르기	アレルギー	아레루기-	불면증	不眠症 (ふみんしょう)	후민쇼-
심장병	心臓病 (しんぞうびょう)	신조-뵤-	비만	肥満 (ひまん)	히만
맹장염	盲腸炎 (もうちょうえん)	모-쵸-엔	거식증	拒食症 (きょしょくしょう)	쿄쇼쿠쇼-
위염	胃炎 (いえん)	이엔	우두	牛痘 (ぎゅうとう)	규-토우
감기	風邪 (かぜ)	카제			

암	癌 (がん)	간
천연두	天然痘 (てんねんとう)	텐넨토-
빈혈	貧血 (ひんけつ)	힌케츠

관련단어 50쪽

가래	痰 (たん)	탄
침	唾 (つば)	츠바키
열	熱 (ねつ)	네츠
여드름	にきび	니키비
블랙헤드	ブラックヘッド	브랏쿠헷도
알레르기 피부	アトピー皮膚 (ひふ)	아토피-히후
콧물	鼻水 (はなみず)	하나미즈
눈물	涙 (なみだ)	나미다
눈곱	目糞 (めくそ)	메쿠소
치질	痔疾 (じしつ)	지시츠
모공	毛穴 (けあな)	케아나
각질	角質 (かくしつ)	카쿠시츠
피지	皮脂 (ひし)	히시
코딱지	鼻糞 (はなくそ)	하나쿠소

Unit 03 약명 52쪽

아스피린	アスピリン	아스피린
소화제	消化剤 (しょうかざい)	쇼-카자이
위장약	胃腸薬 (いちょうやく)	이쵸-야쿠
반창고	絆創膏 (ばんそうこう)	반소-코-
수면제	睡眠薬 (すいみんやく)	스이민야쿠

진통제	鎮痛剤 (ちんつうざい)	친츠-자이
해열제	解熱剤 (げねつざい)	게네츠자이
멀미약	酔い止め (よいどめ)	요이도메
청심환	日水清心丸 (にっすいせいしんがん)	닛스이세-신간
기침약	咳止め (せきどめ)	세키도메
지혈제	止血剤 (しけつざい)	시케츠사이
탈수방지약	脱水防止薬 (だっすいぼうしやく)	닷스이보-시야쿠
소염제	消炎剤 (しょうえんざい)	쇼-엔자이
소독약	消毒薬 (しょうどくやく)	쇼-도쿠야쿠
변비약	便秘薬 (べんぴやく)	벤피야쿠
안약	目薬 (めぐすり)	메구스리
붕대	包帯 (ほうたい)	호-타이
설사약	下痢止め (げりどめ)	게리도메
감기약	風邪薬 (かぜぐすり)	카제구스리
비타민	ビタミン	비타민
영양제	栄養剤 (えいようざい)	에이요-자이
무좀약	水虫薬 (みずむしぐすり)	미즈무시구스리

관련단어 53쪽

건강검진	健康診断 (けんこうしんだん)	켄코우신단
내과의사	内科医 (ないかい)	나이카이
노화	老化 (ろうか)	로-카
면역력	免疫力 (めんえききりょく)	멘에키료쿠
백신(예방) 접종	予防接種 (よぼうせっしゅ)	요보우 셋슈
병실	病室 (びょうしつ)	보-시츠
복용량	服用量 (ふくようりょう)	후쿠요-료-

부상	負傷	후쇼-
부작용	副作用	후쿠사요-
산부인과 의사	産科医	산카이
낙태	堕胎	다타이
소아과 의사	小児科の医者	쇼-니카노이샤
식욕	食欲	쇼쿠요쿠
식이요법	食療法	쇼쿠료-호우
수술	手術	슈쥬츠
외과의사	外科医者	게카이샤
치과의사	歯科医	시카이
약국	薬局	약쿄우
의료보험	医療保険	이료-호켄
이식하다	移植する	이쇼쿠스루
인공호흡	人工呼吸	진코우코큐-
종합병원	総合病院	소-고-뵤-잉
침술	針術	하리 쥬츠
중환자실	集中治療室	슈-츄-치료-시츠
응급실	応急室	오-큐-시츠
처방전	処方箋	쇼호-센
토하다	吐く	하쿠
어지러운	目くらむ	메쿠라무
속이 메스껍다	むかつく	무카츠쿠

Unit 04 생리현상　　　　　　55쪽

트림	げっぷ	겟푸
재채기	くしゃみ	쿠샤미
한숨	ため息	타메이키
딸꾹질	しゃっくり	샥쿠리
하품	あくび	아쿠비
눈물	涙	나미다
대변	大便	다이벤
방귀	おなら	오나라
소변	小便	쇼-벤

Chapter 03. 감정, 행동 표현

Unit 01 감정　　　　　　　　56쪽

사랑해요	愛してます	아이시테마스
통쾌해요	痛快してます	츠-카이시테마스
흥분했어요	興奮してます	코-훈시테마스
재미있어요	面白いです	오모시로이데스
행복해요	幸せです	시아와세데스
즐거워요	楽しいです	타노시이데스
좋아요	いいです	이이데스
기뻐요	うれしいです	우레시이데스
힘이 나요	元気が 出ます	겐키가 데마스
뿌듯해요	胸がいっぱいです	무네가 잇빠이데스
짜릿해요	じいんときます	지인토키마스
감격했어요	感激しました	칸게키시마시타
부끄러워요	恥ずかしいです	하즈카시이데스
난처해요	困ります	고마리마스

외로워요	寂しいです	사비시이데스
재미없어요	面白くないです	오모시로쿠나이데스
화났어요	怒ります	오코리마스
무서워요	怖いです	코와이데스
불안해요	不安です	후안데스
피곤해요	疲れます	츠카레마스
싫어요	悪いです	와루이데스
불쾌해요	不快です	후카이데스
괴로워요	苦しいです	쿠루시이데스
지루해요	退屈です	타이쿠츠데스
슬퍼요	悲しいです	카나시이데스
억울해요	悔しいです	쿠야시이데스
비참해요	惨めです	미지메데스
짜증나요	むかつきます	무카츠키마스
초초해요	いらいらします	이라이라시마스
무기력해요	無気力です	무키료쿠데스
부담스러워요	負担に感じます	후탄니 칸지마스
놀랐어요	驚きます	오도로키마스
고마워요	ありがとうございます	아리가토우고자이마스
행운을 빕니다	幸運を祈ります	고-운오 이노리마스
질투나요	嫉妬する	싯토스루

Unit 02 칭찬 59쪽

멋져요	素敵です	스테키데스
훌륭해요	立派です	릿파데스
굉장해요	素晴らしいです	스바라시이데스
대단해요	凄いです	스고이데스
귀여워요	可愛いです	카와이이데스
예뻐요	きれいです	키레이데스
아름다워요	美しいです	우츠쿠시이데스
최고예요	最高です	사이코-데스
참 잘했어요	とても上手です	토테모 죠-즈데스

Unit 03 행동 60쪽

세수하다	顔を洗う	카오오 아라우
청소하다	掃除する	소-지 스루
자다	寝る	네루
일어나다	起きる	오키루
빨래하다	洗濯する	센타쿠스루
먹다	食べる	타베루
마시다	飲む	노무
요리하다	料理する	료-리스루
설거지하다	皿を洗う	사라오 아라우
양치질하다	嗽をする	우가이오 스루
샤워하다	シャワーを浴びる	샤와-오 아비루
옷을 입다	服を着る	후쿠오 키루

옷을 벗다	服を 脱ぐ	후쿠오 누구
쓰레기를 버리다	ごみを 捨てる	고미오 스테루
창문을 열다	窓を 開ける	마도오 아케루
창문을 닫다	窓を 閉める	마도오 시메루
불을 켜다	明を ともす	아카리오 토모스
불을 끄다	明を 消す	아카리오 케스
오다	来る	쿠루
가다	行く	이쿠
앉다	座る	스와루
서다	立つ	타츠
걷다	歩く	아루쿠
달리다	走る	하시루
놀다	遊ぶ	아소부
일하다	働く	하타라쿠
웃다	笑う	와라우
울다	泣く	나쿠
나오다	出る	데루
들어가다	入る	하이루
묻다	尋ねる	타즈네루
대답하다	答える	고타에루
멈추다	止まる	토마루
움직이다	動く	우고쿠
올라가다	上がる	아가루
내려가다	下りる	오리루

박수치다	手を たたく	데오 타타쿠
찾다	探す	사가스
흔들다	振る	후루
춤추다	踊る	오도루
뛰어오르다	跳ねる	하네루
넘어지다	倒れる	타오레루
읽다	読む	요무
싸우다	争う	아라소우
말다툼하다	口げんかする	쿠치겐카스루
인사	挨拶	아이사츠
대화	対話	타이와
쓰다	書く	카쿠
던지다	投げる	나게루
잡다	つかむ	츠카무

관련단어　　　　　　　　　　63쪽

격려하다	励ます	하게마스
존경하다	敬う	우야마우
지지하다	支持する	시지스루
주장하다	主張する	슈쵸-스루
추천하다	推薦する	스이센스루
경쟁하다	張り合う	하리아우
경고하다	警告する	케이코쿠스루
설득하다	説く	토쿠
찬성하다	賛する	산스루
반대하다	反対する	한타이스루

재촉하다	急かせる	세카세루
관찰하다	観察する	칸사츠스루
상상하다	思い浮かべる	오모이우카베루
기억하다	憶える	오보에루
후회하다	悔いる	쿠이루
신청하다	申し込む	모-시코무
약속하다	約束する	야쿠소쿠스루
논평하다	論評する	론표-스루
속삭이다	囁く	사사야쿠
허풍을 떨다	法螺を吹く	호라오 후쿠

Unit 04 인사 65쪽

안녕하세요	お元気ですか	오겡키데스카
아침인사	おはようございます	오하요우고자이마스
점심인사	こんにちは	콘니치와
저녁인사	こんばんは	콘방와
처음 뵙겠습니다	はじめまして	하지메마시테
잘 부탁드립니다	どうぞ よろしくお願いします	도-조 요로시쿠 오네가이시마스
잘 지내셨어요	お元気でいらっしゃいましたか	오겡키데 이랏샤이마시타카
만나서 반갑습니다	お会いできて うれしいです	오아이데키테 우레시이데스
오랜만이에요	お久しぶりで	오히사시부리데스
안녕히 가세요	さようなら	사요-나라
또 만나요	また会いましょう	마타아이마쇼-
안녕히 주무세요	おやすみなさい	오야스미나사이

Unit 05 축하 67쪽

생일 축하합니다	お誕生日 おめでとうございます	오탄조비 오메데토-고자이마스
결혼 축하합니다	ご結婚 おめでとうございます	고켓콘 오메데토-고자이마스
합격 축하합니다	合格おめでとうございます	고-카쿠 오메데토-고자이마스
졸업 축하합니다	ご卒業 おめでとうございます	고소츠교- 오메데토-고자이마스
명절 잘 보내세요	よい お休みを過ごしください	요이 오야스미오 스고시테쿠다사이
새해 복 많이 받으세요	明けまして おめでとうございます	아케마시테 오메데토-고자이마스
메리크리스마스	メリークリスマス	메리-쿠리스마스
개업 축하합니다	ご開業 おめでとうございます	고카이교- 오메데토-고자이마스

Chapter 04. 교육

Unit 01 학교　　　　　　　　68쪽

유치원	幼稚園	요-치엔
초등학교	小学校	쇼-각코-
중학교	中学校	츄-각코-
고등학교	高等学校	코-토-각코-
대학교	大学	다이가쿠
학사	学士	가쿠시
석사	修士	슈-시
박사	博士	하카세
대학원	大学院	다이가쿠잉

관련단어　　　　　　　　69쪽

학원	塾	쥬쿠
공립학교	公立学校	코-리츠각코-
사립학교	私立学校	시리츠각코-
교장	校長	코-쵸-
학과장	学科長	각카쵸-
신입생	新入生	신뉴-세이
학년	学年	가쿠넹

Unit 02 학교시설　　　　　　　　70쪽

교정	校庭	코-테이
교문	校門	코-몬
운동장	運動場	운도-죠-
교장실	校長室	코-쵸-시츠
사물함	ロッカー	롯카-
강의실	講義室	코-기시츠
화장실	トイレ	토이레
교실	教室	쿄-시츠
복도	廊下	로-카
도서관	図書館	토쇼칸
식당	食堂	쇼쿠도우
기숙사	寮	료-
체육관	体育館	타이이쿠칸
매점	売店	바이텡
교무실	教務室	쿄-무시츠
실험실	実験室	짓켄시츠

Unit 03 교과목　　　　　　　　72쪽

일본어	日本語	니혼고
영어	英語	에이고
중국어	中国語	츄-고쿠고
철학	哲学	테츠가쿠
문학	文学	분가쿠
수학	数学	스우가쿠
경제	経済	케-자이
상업	商業	쇼-교-
기술	技術	기쥬츠
지리	地理	치리
건축	建築	켄치쿠
생물	生物	세이부츠
화학	化学	카가쿠

천문학	天文学	텐몬가쿠
역사	歴史	레키시
법률	法律	호-리츠
정치학	政治学	세이지가쿠
사회학	社会学	샤카이가쿠
음악	音楽	온가쿠
체육	体育	타이이쿠
윤리	倫理	린리
물리	物理	부츠리
받아쓰기	聞き取り	키키토리
중간고사	中間試験	츄-칸시켄
기말고사	期末試験	키마츠시켄
장학금	奨学金	쇼-가쿠킨
입학	入学	뉴-가쿠
졸업	卒業	소츠교-
숙제	宿題	슈쿠다이
시험	試験	시켄
논술	論述	론쥬츠
채점	採点	사이텐
전공	専攻	센코-
학기	学期	각키
등록금	登録金	토-로쿠킨
컨닝	カンニング	칸닌구

Unit 04 학용품　　77쪽

공책(노트)	筆記帳 = (ノート)	힉키쵸- / 노-토
지우개	消しゴム	케시고무
볼펜	ボールペン	보-루펜
연필	鉛筆	엔비츠
노트북	パソコン	파소콘
책	本	혼
칠판	黒板	코쿠방
칠판 지우개	黒板ふき	코쿠방후키
필통	ふでばこ	후데바코
샤프	シャープペン	샤-푸펜
색연필	色鉛筆	이로엔피츠
압정	画鋲	가뵤-
만년필	万年筆	만넹히츠
클립	クリップ	쿠릿푸
연필깎기	鉛筆削り	엔피츠케즈리
크레파스	クレヨン	쿠레용
화이트	修正ペン	슈-세이펜
가위	鋏	하사미
풀	糊	노리
물감	えのぐ	에노구
잉크	インク	인쿠
자	定規	죠-기
스테이플러	ホッチキス	홋치키스
스케치북	スケッチブック	스켓치부쿠

샤프심	シャープペンシルの芯	샤-푸펜시루노싱
칼	カッターナイフ	캇타-나이후
파일	ファイル	화이루
매직펜	マジックペン	마직쿠펜
사인펜	サインペン	사인펜
형광펜	蛍光ペン	케-코-펜
테이프	テープ	테-푸
콤파스	コンパス	콘파스

Unit 05 부호 79쪽

더하기	足す / プラス	타스 / 프라스
빼기	引く / マイナス	히쿠 / 마이나스
나누기	分け	와케
곱하기	掛ける	가케루
크다 / 작다	大きい / 小さい	오오키이 / 츠이사이
같다	同じ	오나지
마침표	終止符	슈-시후
느낌표	感嘆符	칸탄후
물음표	疑問符	기몬후
하이픈	ハイフン	하이훈
콜론	コロン	코론
세미콜론	セミコロン	세미코론
따옴표	引用符	잉요-후
생략기호	省略記号	쇼-랴쿠키고-

at / 골뱅이	アットマーク	앗토마-쿠
루트	ルート	루-토
슬러쉬	スラッシュ	스랏슈

Unit 06 도형 81쪽

정사각형	正四角形	세이시카쿠케-
삼각형	三角形	산카쿠케-
원	丸	마루
사다리꼴	台形	다이케-
원추형	円錐形	엔스이케-
다각형	多角形	타카쿠케-
부채꼴	扇形	오-기가타
타원형	楕円形	다엔케-
육각형	六角形	롯카쿠케-
오각형	五角形	고카쿠케-
원기둥	円柱	엔츄-
평행사변형	平行四辺形	헤이코 시헨케-
각뿔	角錐	칵스이

Unit 07 숫자 83쪽

영	零 / ゼロ	레이 / 제로
하나	一	이치
둘	二	니
셋	三	산
넷	四	시/욘
다섯	五	고

여섯	六 (ろく)	로쿠
일곱	七 (しち/なな)	시치/ 나나
여덟	八 (はち)	하치
아홉	九 (きゅう)	큐-
열	十 (じゅう)	쥬-
이십	二十 (にじゅう)	니쥬-
삼십	三十 (さんじゅう)	산쥬-
사십	四十 (よんじゅう)	욘쥬-
오십	五十 (ごじゅう)	고쥬-
육십	六十 (ろくじゅう)	로쿠쥬-
칠십	七十 (ななじゅう)	나나쥬-
팔십	八十 (はちじゅう)	하치쥬-
구십	九十 (きゅうじゅう)	큐-쥬-
백	百 (ひゃく)	햐쿠
천	千 (せん)	센
만	万 (まん)	만
십만	十万 (じゅうまん)	쥬-만
백만	百万 (ひゃくまん)	햐쿠만
천만	千万 (せんまん)	센만
억	億 (おく)	오쿠
조	兆 (ちょう)	쵸-

Unit 08 수사   85쪽

명	名 (めい)	메이
마리(작은 동물)	匹 (ひき、びき、ぴき)	히키, 비키, 피키
마리(큰 동물)	頭 (とう)	토-
개	個 (こ)	코
잔	杯 (はい、ばい、ぱい)	하이, 바이, 파이
병	瓶 (びん)	빙
장	枚 (まい)	마이
권	冊 (さつ)	사츠
대(기계나 가전제품)	台 (だい)	다이
층	階 (かい、がい)	카이, 가이
채(집을 세는 단위)	軒 (けん)	켄
개(길쭉한 것)	本 (ほん、ぼん)	본, 혼

Chapter 05. 계절/월/요일

Unit 01 계절   86쪽

봄	春 (はる)	하루
여름	夏 (なつ)	나츠
가을	秋 (あき)	아키
겨울	冬 (ふゆ)	후유

Unit 02 요일   87쪽

월요일	月曜日 (げつようび)	게츠요-비
화요일	火曜日 (かようび)	카요-비
수요일	水曜日 (すいようび)	스이요-비
목요일	木曜日 (もくようび)	모쿠요-비
금요일	金曜日 (きんようび)	킹요-비

토요일	土曜日 (どようび)	도요-비
일요일	日曜日 (にちようび)	니치요-비

Unit 03 월　　　　　　　　　　　88쪽

1월	一月 (いちがつ)	이치가츠
2월	二月 (にがつ)	니가츠
3월	三月 (さんがつ)	산가츠
4월	四月 (しがつ)	시가츠
5월	五月 (ごがつ)	고가츠
6월	六月 (ろくがつ)	로쿠가츠
7월	七月 (しちがつ)	시치가츠
8월	八月 (はちがつ)	하치가츠
9월	九月 (くがつ)	쿠가츠
10월	十月 (じゅうがつ)	쥬-가츠
11월	十一月 (じゅういちがつ)	쥬-이치가츠
12월	十二月 (じゅうにがつ)	쥬-니가츠

Unit 04 일　　　　　　　　　　　89쪽

1일	一日 (ついたち)	츠이타치
2일	二日 (ふつか)	후츠카
3일	三日 (みっか)	믹카
4일	四日 (よっか)	욕카
5일	五日 (いつか)	이츠카
6일	六日 (むいか)	무이카
7일	七日 (なのか)	나노카
8일	八日 (ようか)	요우카
9일	九日 (ここのか)	코코노카
10일	十日 (とおか)	토오카
11일	十一日 (じゅういちにち)	쥬-이치니치
12일	十二日 (じゅうににち)	쥬-니니치
13일	十三日 (じゅうさんにち)	쥬-산니치
14일	十四日 (じゅうよっか)	쥬-욕카
15일	十五日 (じゅうごにち)	쥬-고니치
16일	十六日 (じゅうろくにち)	쥬-로쿠니치
17일	十七日 (じゅうしちにち)	쥬-시치니치
18일	十八日 (じゅうはちにち)	쥬-하치니치
19일	十九日 (じゅうくにち)	쥬-쿠니치
20일	二十日 (はつか)	하츠카
21일	二十一日 (にじゅういちにち)	니쥬-이치니치
22일	二十二日 (にじゅうににち)	니쥬-니니치
23일	二十三日 (にじゅうさんにち)	니쥬-산니치
24일	二十四日 (にじゅうよっか)	니쥬-욕카
25일	二十五日 (にじゅうごにち)	니쥬-고니치
26일	二十六日 (にじゅうろくにちにち)	니쥬-로쿠니치
27일	二十七日 (にじゅうしちにち)	니쥬-시치니치
28일	二十八日 (にじゅうはちにち)	니쥬-하치니치
29일	二十八日 (にじゅうはちにち)	니쥬-쿠니치
30일	三十日 (さんじゅうにち)	산쥬-니치
31일	三十一日 (さんじゅういちにち)	산쥬-이치니치

관련단어　　　　　　　　　　　90쪽

달력	カレンダー	카렌다-

다이어리	ダイアリー	다이아리-
건국기념일	建国記念の日	켄코쿠키넹노히
춘분	春分	슌붕
추분	秋分	슈-붕
골든위크	ゴールデンウィーク	고-루덴위-쿠

* 골든위크 : 4월 말에서 5월 초에 걸친, 1년 중 휴일이 가장 많은 주간; 황금 주간

쇼와의날 (천황탄신일)	昭和の日	쇼-와노히
녹색의 날	みどりの日	미도리노히
성년의 날	成人の日	세이징노히

Unit 05 시간 92쪽

새벽	夜明け	요아케
아침	朝	아사
오전	午前	고젠
점심	昼	히루
오후	午後	고고
저녁	宵	요이
밤	夜	요루
시	時	지
분	分	분
초	秒	뵤-
어제	昨日	키노우
오늘	今日	쿄-
내일	明日	아시타
내일모레	明後日	아삿테
반나절	半日	한니치
하루	一日	이치니치

관련단어 93쪽

지난주	先週	센슈-
이번주	今週	곤슈-
다음주	来週	라이슈-
일주일	一週間	잇슈-칸
한달	一ヶ月	잇카게츠
일년	一年	이치넹

Chapter 06. 자연과 우주

Unit 01 날씨 표현 94쪽

맑다	清い	키요이
따뜻하다	暖かい	아타타카이
화창하다	麗らかだ	우라라카다
덥다	暑い	아츠이
흐리다	曇る	쿠모루
안개끼다	霧がかかる	카스미 카카루
비가오다	雨が降る	아메가 후루
비가 그치다	雨が止む	아메가 야무
습하다	湿る	시토루
무지개가 뜨다	虹が出る	니지가 데루
장마철이다	梅雨に入いる	츠유니 하이루
천둥치다	雷が鳴る	카미나리가 나루

번개치다	稲妻が 走る	이나즈마가 하시루
바람이 불다	風が 吹く	카제가 후쿠
시원하다	快い	코코로요이
태풍이 몰아치다	台風が 吹き付ける	타이후-가 후키츠케루
눈이 내리다	雪が 降る	유키가 후루
얼음이 얼다	氷が 張る	고오리가 하루
선선하다	涼しい	스즈시이
쌀쌀하다	清清しい	스가스가시이
춥다	寒い	사무이
서리가 내리다	霜が 降りる	시모가 오리루

Unit 02 날씨 관련   96쪽

해	太陽	타이요-
구름	雲	쿠모
비	雨	아메
바람	風	카제
눈	雪	유키
고드름	氷柱	츠라라
별	星	호시
달	月	츠키
우주	宇宙	우츄-
우박	氷雨	히사메
홍수	洪水	코우즈이
가뭄	日照り	히데리
지진	地震	지신
자외선	紫外線	시가이센
열대야	熱帯夜	넷타이야
오존층	オゾン層	오존소-
화산(화산폭발)	火山 / 火山爆発	카장 / 카장바쿠하츠

관련단어   97쪽

토네이도	トルネード	토로네-도
고기압	高気圧	코-키아츠
한랭전선	寒冷前線	칸레이젠센
온도	温度	온도
한류	寒流	칸류-
난류	暖流	단류-
저기압	低気圧	테이키아츠
일기예보	天気予報	텐키요호-
계절	季節	키세츠
화씨	華氏	카시
섭씨	摂氏	셋시
연무	煙霧	엔무
아지랑이	陽炎	카게로-
서리	霜	시모
진눈깨비	霙	미조레
강우량	降雨量	고-우료-
미풍	微風	비후-
돌풍	突風	톳푸-

폭풍	暴風 ぼうふう	보-후-
대기	大気 たいき	타이키
공기	空気 くうき	쿠-키

Unit 03 우주 환경과 오염　　　　99쪽

지구	地球 ちきゅう	치큐-
수성	水星 すいせい	스이세이
금성	金星 きんせい	킨세이
화성	火星 かせい	카세이
목성	木星 もくせい	모쿠세이
토성	土星 どせい	도세이
천왕성	天王星 てんのうせい	텐노우세이
명왕성	冥王星 めいおうせい	메이오-세이
태양계	太陽系 たいようけい	타이요우케이
외계인	宇宙人 うちゅうじん	우츄-징
행성	惑星 わくせい	와쿠세이
은하계	銀河系 ぎんがけい	긴가케이
북두칠성	北斗七星 ほくとしちせい	호쿠토시치세이
카시오페이아	カシオペア	카시오페아
큰곰자리	お熊座 おおくまざ	오오구마자
작은곰자리	小熊座 こくまざ	코쿠마자
환경	環境 かんきょう	칸쿄-
파괴	破壊 はかい	하카이
멸망	破滅 はめつ	하메츠
재활용	再利用 さいりよう	사이리요우

쓰레기	塵 ごみ	고미
쓰레기장	塵捨て場 ごみすてば	고미스테바
하수	下水 げすい	게스이
폐수	廃水 はいすい	하이스이
오염	汚染 おせん	오센
생존	生存 せいぞん	세-존
자연	自然 しぜん	시젠
유기체	有機体 ゆうきたい	유-키타이
생물	生物 せいぶつ	세이부츠
지구온난화	地球温暖化 ちきゅうおんだんか	치큐-온단카
보름달	満月 まんげつ	만게츠
반달	半月 はんげつ	한게츠
초승달	三日月 みかづき	미카즈키
유성	流れ星 ながれぼし	나가레보시
위도	緯度 いど	이도
경도	経度 けいど	케이도
적도	赤道 せきどう	세키도우
일식	日食 にっしょく	닛쇼쿠

Unit 04 동식물

포유류 哺乳類 ほにゅうるい 호뉴-루이　　　　102쪽

사슴	鹿 しか	시카
고양이	猫 ねこ	네코
팬더(판다)	パンダ	판다
사자	獅子 しし	시시
호랑이	虎 とら	토라

기린	麒麟(きりん)	키린
곰	熊(くま)	쿠마
다람쥐	栗鼠(りす)	리스
낙타	駱駝(らくだ)	라쿠다
염소	山羊(やぎ)	야기
표범	豹(ひょう)	효-
여우	狐(きつね)	키츠네
늑대	狼(おおかみ)	오오카미
돌고래	海豚(いるか)	이루카
코알라	コアラ	코아라
양	羊(ひつじ)	히츠지
코끼리	象(ぞう)	조우
돼지	豚(ぶた)	부타
말	馬(うま)	우마
원숭이	猿(さる)	사루
하마	河馬(かば)	카바
얼룩말	縞馬(しまうま)	시마우마
북극곰	北極熊(ほっきょくぐま)	홋코쿠구마
바다표범	海豹(あざらし)	아자라시
두더지	土竜(もぐら)	모구라
개	犬(いぬ)	이누
코뿔소	犀(さい)	사이
쥐	鼠(ねずみ)	네즈미
소	牛(うし)	우시
토끼	兎(うさぎ)	우사기
레드판다	レッドパンダ	렛토판다
캥거루	カンガルー	칸가루-

곤충/거미류 昆虫類(こんちゅうるい) / 蜘蛛類(くもるい) **103쪽**
콘츄-루이 / 쿠모루이

모기	蚊(か)	카
파리	蠅(はえ)	하에
벌	蜂(はち)	하치
잠자리	蜻蛉(とんぼ)	돈보
거미	蜘蛛(くも)	쿠모
매미	蟬(せみ)	세미
바퀴벌레	ゴキブリ	고키부리
귀뚜라미	蟋蟀(こおろぎ)	코오로기
풍뎅이	黄金虫(こがねむし)	코가네무시
무당벌레	天道虫(てんとうむし)	텐토우무시
반딧불이	蛍(ほたる)	호타루
메뚜기	バッタ	밧타
개미	蟻(あり)	아리
사마귀	かまきり	카마키리
나비	蝶(ちょう)	쵸-
전갈	蠍(さそり)	사소리
소금쟁이	水馬(あめんぼ)	아멘보

조류 鳥類(ちょうるい) 쵸-루이 **104쪽**

독수리	禿鷲(はげわし)	하게와시
박쥐	蝙蝠(こうもり)	코-모리

부엉이	木菟 (みみずく)	미미즈쿠
매	隼 (はやぶさ)	하야부사
까치	鵲 (かささぎ)	카사사기
까마귀	烏 (からす)	카라스
참새	雀 (すずめ)	스즈메
학	鶴 (つる)	츠루
오리	鴨 (かも)	카모
펭귄	ペンギン	벤긴
제비	燕 (つばめ)	츠바메
닭	鶏 (とり)	토리
공작	孔雀 (くじゃく)	쿠쟈쿠
앵무새	鸚鵡 (おうむ)	오-무
기러기	雁 (かり)	카리
거위	ガチョウ	가쵸-
비둘기	鳩 (はと)	하토
딱따구리	啄木鳥 (きつつき)	키츠츠키

파충류/양서류 爬虫類 / 両生類 105쪽
하츄-루이 / 료-세이루이

보아뱀	ボア	보아
달팽이	蝸牛 (かたつむり)	카타츠무리
도마뱀	蜥蜴 (とかげ)	토카게
이구아나	イグアナ	이구아나
코브라	コブラ	코부라
두꺼비	谷蟆 (たにぐく)	타니구쿠
올챙이	お玉じゃくし (たま)	오타마쟈쿠시

도롱뇽	山椒魚 (さんしょううお)	산쇼-우오
개구리	蛙 (かえる)	카에루
악어	鰐 (わに)	와니
거북이	亀 (かめ)	카메
뱀	蛇 (へび)	헤비
지렁이	蚯蚓 (みみず)	미미즈
카멜레온	カメレオン	카메레온

관련단어 106쪽

더듬이	触角 (しょっかく)	숏카쿠
번데기	蛹 (さなぎ)	사나기
알	卵 (たまご)	타마고
애벌레	幼虫 (ようちゅう)	요우쵸-
뿔	角 (つの)	츠노
발톱	爪 (つめ)	츠메
꼬리	尻尾 (しっぽ)	싯포
발굽	蹄 (ひづめ)	히즈메
동면하다	眠冬する (みんとう)	토-민스루
부리	くちばし	쿠치바시
깃털	羽毛 (うもう)	우모우
날개	羽 (はね)	하네
둥지	鳥の巣 (とりのす)	토노스
희귀동물	珍獣 (ちんじゅう)	친쥬-

어류/연체동물/갑각류   108쪽

魚類 / 軟体動物 / 甲殼類
ぎょるい / なんたいどうぶつ / こうかくるい
교루이, 난타이도우부츠, 코우카쿠루이

연어	白鮭 しろざけ	시로자케
잉어	鯉 こい	코이
쉬리	ヤガタムギツク	야가타무긴츠쿠
대구	鱈 たら	타라
복어	河豚 ふぐ	후구
문어	蛸 たこ	타코
오징어	烏賊 いか	이카
꼴뚜기	飯蛸 いいだこ	이이다코
낙지	手長蛸 てながたこ	테나가타코
게	蟹 かに	카니
새우	蝦 えび	에비
가재	蝲蛄 ざりがに	자리가니
메기	鯰 なまず	나마즈
상어	鮫 さめ	사메
해파리	水母 くらげ	쿠라게
조개	貝 かい	카이
불가사리	海星 ひとで	히토데

관련단어   109쪽

비늘	鱗 うろこ	우로코
아가미	あぎと	아기토
물갈퀴발	水搔き みずかき	미즈카키
지느러미	鰭 ひれ	히레

식물(꽃/풀/야생화/나무)   110쪽

무궁화	槿 むげ	무쿠게
코스모스	コスモス	코스모스
수선화	水仙 すいせん	스이센
장미	薔薇 ばら	바라
데이지	デージー	데-지-
아이리스	アイリス	아이리스
동백꽃	椿の花 つばきのはな	츠바키노하나
벚꽃	桜 さくら	사쿠라
나팔꽃	朝顔 あさがお	아사가오
라벤더	ラベンダー	라벤다-
튤립	チューリップ	츄-릿푸
제비꽃	すみれ	스미레
안개꽃	霞草 かすみそう	카스미소우
해바라기	向日葵 ひまわり	히마와리
진달래	躑躅 つつじ	츠츠지
민들레	蒲公英 たんぽぽ	탄포포
캐모마일	カモミール	카모미-루
클로버	クローバー	쿠로-바-
강아지풀	狗尾草 えのころぐさ	에노코로구사
갈퀴나물	蔓藤袴 つるふじばかま	츠로후지바카마
고사리	蕨 わらび	와라비
잡초	雑草 ざっそう	잣소-
억새풀	薄 すすき	스스키
소나무	松 まつ	마츠

메타세콰이아	メタセコイア	메타세코이아
감나무	柿の木	카키노키
사과나무	林檎の木	린고노키
석류나무	柘榴の木	자쿠로노키
밤나무	栗の木	쿠리노키
은행나무	銀杏	이쵸-
배나무	梨の木	나시노키
양귀비꽃	ケシの花	케시노하나

관련단어 111쪽

뿌리	根っこ	넷코
잎	葉	하
꽃봉오리	蕾	츠보미
꽃말	花言葉	하나코토바
꽃가루	花粉	카훈
개화기	開花期	카이카키
낙엽	落ち葉	오치바
단풍	紅葉	모미지
거름	肥やし	코야시
줄기	乳草	치치쿠사

Chapter 07. 주거 관련
Unit 01 집의 종류 112쪽

아파트	アパート	아파-토
전원주택	田園住宅	덴엔쥬-타쿠
일반주택	一般住宅	이반쥬-타쿠
맨션	マンション	만숀
오피스텔	オフィステル	오피스테루
레오팔레스	レオパレス	레오파레스
다다미집	畳がある家	타타미가 아루이에
UR주택	UR住宅	유아루쥬타쿠
임대주택	賃貸住宅	친타이쥬-타쿠
하이츠	ハイツ	하이츠
코포	コーポ	코-포
별장	別荘	벳소-

관련단어 113쪽

살다	住む	스무
주소	住所	쥬-쇼
임차인	賃借人	친샤쿠닝
임대인	賃貸人	친타이닝
가정부	家政婦	카세이후
월세	家賃	야칭

Unit 02 집의 부속물 114쪽

대문	大門	오-몬
담	塀	헤이
정원	庭	니와
우편함	郵便受け	유-빙우케
차고	車庫	샤코

진입로	進入路 (しんにゅうろ)	신뉴-로
굴뚝	煙突 (えんとつ)	엔토츠
지붕	屋根 (やね)	야네
계단	階段 (かいだん)	카이단
벽	壁 (かべ)	카베
발코니	バルコニー	바루코니-
창고	倉庫 (そうこ)	소-코
다락방	屋根裏部屋 (やねうらべや)	야네우라베야
옥상	屋上 (おくじょう)	오쿠죠-
현관	玄関 (げんかん)	겐캉
지하실	地下室 (ちかしつ)	치카시츠
위층	上階 (じょうかい)	죠-카이
아래층	下層 (かそう)	카소-
안마당 뜰	前庭 (まえにわ)	마에니와
기둥	柱 (はしら)	하시라
울타리	垣根 (かきね)	카키네
자물쇠	錠 (じょう)	죠-

Unit 03 거실용품 116쪽

거실	リビング	리빙구
창문	窓 (まど)	마도
책장	本棚 (ほんだな)	혼다나
마루	床 (ゆか)	유카
카펫	カーペット	카-펫토
테이블	テーブル	테-부루
장식장	コモード	코모-도
에어컨	エアコンディショナー	에아콘디쇼나-
소파	ソファ	소화-
커튼	カーテン	카-텐
달력	カレンダー	카렌다-
액자	額 (がく)	가쿠
시계	時計 (とけい)	토케이
벽난로	暖炉 (だんろ)	단로
꽃병	花瓶 (かびん)	카빈
텔레비전	テレビジョン	테레비죵
컴퓨터	コンピューター	콤퓨-타-
노트북	ノートパソコン	노-토파소콘
진공청소기	真空掃除機 (しんくうそうじき)	싱쿠-소-지키
스위치를 끄다	スイッチを消す (けす)	스잇치오 케스
스위치를 켜다	スイッチを点ける (つける)	스잇치오 츠케루

Unit 04 침실용품 118쪽

침대	寝台 (しんだい) / ベッド	신다이 / 벳토
자명종 / 알람시계	目覚まし時計 (めざましどけい)	메자마시도케이
매트리스	マットレス	맛토레스
침대시트	ベッドのシーツ	벳도노시-츠
슬리퍼	スリッパ	스릿파
이불	布団 (ふとん)	후통
베개	枕 (まくら)	마쿠라

화장대	化粧台	케쇼-다이
화장품	化粧品	케쇼-힝
옷장	箪笥	탄스
잠옷	寝巻き	네마키
쿠션	クッション	쿳숀
쓰레기통	塵箱	고미바코
천장	天井	덴죠-
전등	電気	뎅키
스위치	スイッチ	스잇치
공기청정기	空気清浄機	쿠-키세이죠-키
일어나다	起きる	오키루
자다	寝る	네루

Unit 05 주방　　　　　　　　　　120쪽

냉장고	冷蔵庫	레이조고
전자레인지	電子レンジ	덴시렌지
환풍기	換気扇	칸키센
가스레인지	ガスレンジ	가스렌지
싱크대	流し	나가시
주방조리대	厨房調理台	츄-보-쵸-리다이
오븐	オーブン	오-븐
수납장	棚	타나
접시걸이선반	戸棚	토다나
식기세척기	食器洗い機	숏키아라이키
에어컨	エアコンディショナー	에아콘디쇼나-

Unit 06 주방용품　　　　　　　　122쪽

도마	まな板	마나이타
프라이팬	フライパン	후라이판
믹서기	ミキサー	미키사-
주전자	薬缶	야칸
앞치마	エプロン	에프론
커피포트	コーヒーポット	코-히-폿토
전기밥솥	炊飯器	스이한키
뒤집개	フライ返し	후라이가에시
주걱	へら	헤라
칼	包丁	호-쵸-
머그컵	マグカップ	마구캇푸
토스터기	トースター機	토-스타-키
국자	おたま	오타마
냄비	鍋	나베
수세미	束子	다와시
주방세제	食器用洗剤	숏키요-센자이
알루미늄호일	アルミホイル	아루미호이루
병따개	栓抜き	센누키
젓가락	はし	하시
포크	フォーク	표-크
숟가락	匙 / スプーン	사지 / 스푼-
접시	皿	사라
소금	塩	시오
후추	胡椒	코쇼-

조미료	調味料(ちょうみりょう)	쵸-미료-
음식을 먹다	食(た)べ物(もの)を食(た)べる	타베모노오 타베루

Unit 07 욕실용품 124쪽

거울	鏡(かがみ)	카가미
드라이기	ドライヤー	도라이야-
세면대	洗面台(せんめんだい)	센멘다이
면도기	剃刀(かみそり)	카미소리
면봉	綿棒(めんぼう)	멘보-
목욕바구니	沐浴(もくよく)かご	모쿠요쿠카고
바디로션	ボディーローション	보디-로-숀
배수구	排水溝(はいすいこう)	하이스이코우
변기	便器(べんき)	벤키
비누	石鹸(せっけん)	셋켕
욕실커튼	浴室(よくしつ)カーテン	요쿠시츠카텐
빗	櫛(くし)	쿠시
샤워가운	シャワーガウン	샤와-가운
샤워기	シャワー機(き)	샤와-키
샴푸	シャンプー	샨푸
린스	リンス	린스
수건걸이	タオル掛(か)け	다오루카케
수건	手拭(てぬぐい) / タオル	테누구이 / 타오루
수도꼭지	蛇口(じゃぐち)	쟈구치
욕실매트	浴室(よくしつ)マット	요쿠시츠맛토

욕조	浴槽(よくそう)	요쿠소-
체중계	体重計(たいじゅうけい)	타이쥬케이
치약	歯磨(はみが)き	하미가키
칫솔	歯(は)ブラシ	하부라시
화장지	ちり紙(がみ)	치리가미
치실	フロス	후로스

관련단어 125쪽

이를 닦다	歯(は)を磨(みが)く	하오 미가쿠
헹구다	濯(すす)ぐ	스스구
씻어내다	洗(あら)い上(あ)げる	아라이아게루
말리다	乾(かわ)かす	카와카스
면도를 하다	剃(そ)りをいれる	소리오이레루
머리를 빗다	髪(かみ)をかく	카미오 카쿠
샤워를 하다	シャワーをする	샤와-오 스루
변기에 물을 내리다	便器(べんき)に水(みず)を流(なが)します	벤키니 미즈오 나가시마스
머리를 감다	髪(かみ)を洗(あら)う	카미오 아라우
목욕하다	お風呂(ふろ)に入(はい)る	오후로이 하이루

Chapter 08. 음식

Unit 01 과일 126쪽

렌우	レンブ	렌부
용안	リュウガン	류-간
여지	レイシ	레이시

망고	マンゴー	망고-	파인애플	パイナップル	파이낫푸루
비파	ビワ	비와	키위	キーウィ	키-위
망고스틴	マンゴスチン	망고스친	코코넛	ココナッツ	코코낫츠
산사	山楂子	산자시	사탕수수	砂糖黍	사토우키비
양매	ヤマモモ	야마모모	구아바	グアバ	구아바
양다래	キーウィフルーツ	키-위후루-츠	밤	栗	쿠리
유자	柚子	유즈	대추	棗	나츠메
하미과	ハミウリ	하미우리	딸기	苺	이치고
홍마오단	ランブータン	란부-탄	건포도	干し葡萄	호시부도우
사과	林檎	링고	체리	チェリー	체리-
배	梨	나시	블루베리	ブルーベリー	부루-베리-
귤	蜜柑	미캉	라임	ライム	라이무
수박	西瓜	스이카	무화과	無花果	이치지쿠
포도	葡萄	부도-	석류	ザクロ	자쿠로
복숭아	桃	모모			
멜론	メロン	메론	**Unit 02 채소, 뿌리식물**		**129쪽**
앵두	桜桃	오-도-	고수나물	パクチー	파쿠치-
오렌지	オレンジ	오렌지	공심채	ヨウサイ	요우사이
레몬	レモン	레몬	청경채	アブラナ	아부라나
바나나	バナナ	바나나	호박	かぼちゃ	카보챠
자두	李	스모모	당근	ニンジン	닝징
두리안	ドリアン	도리안	피망	ピーマン	피-망
살구	杏	안즈	버섯	きのこ	키노코
감	柿	카키	감자	芋	이모
참외	瓜	우리	고추	唐辛子	토-가라시
			토마토	トマト	토마토

무	大根(だいこん)	다이콘
배추	白菜(はくさい)	하쿠사이
마늘	にんにく	닌니쿠
우엉	ごぼう	고보-
상추	サンチュ	산츄
시금치	ほうれんそう	호-렌소-
양배추	キャベツ	캬베츠
브로콜리	ブロッコリー	부롯코리-
양파	玉葱(たまねぎ)	타마네기
호박	カボチャ	카보챠
고구마	さつまいも	사츠마이모
오이	胡瓜(きゅうり)	큐-리
파	葱(ねぎ)	네기
콩나물	豆もやし(まめ)	마메모야시
생강	生薑(しょうが)	쇼-가
미나리	せり	세리
옥수수	とうもろこし	토-모로코시
가지	茄子(なす)	나스
송이버섯	松茸(まつたけ)	마츠타케
죽순	竹の子(たけのこ)	타케노코
더덕	蔓人参(つるにんじん)	츠루닌징
도라지	桔梗(ききょう)	키쿄-
깻잎	エゴマの葉(は)	에고마노하
고사리	蕨(わらび)	와라비
청량고추	辛い唐辛子(からとんがらし)	카라이 톤가라시
팽이버섯	えのき茸(たけ)	에노키타케
올리브	オリーブ	오리-부
쑥갓	菊菜(きくな)	키쿠나
인삼	人参(にんじん)	닌진
홍삼	ホンサム	홍사무

Unit 03 수산물, 해조류 132쪽

오징어	烏賊(いか)	이카
송어	マス	마스
우럭	むらそい	무라소이
가물치	雷魚(らいぎょ)	라이교
고등어	鯖(さば)	사바
참조기	シログチ	츠로구치
메기	ナマズ	나마즈
복어	河豚(ふぐ)	후구
새우	蝦(えび)	에비
대구	鱈(たら)	티라
연어	白鮭(しろざけ)	시로자케
전복	鮑(あわび)	아와비
가리비 조개	帆立貝(ほたてがい)	호타테가이
갈치	太刀魚(たちうお)	가치우오
게	蟹(かに)	카니
잉어	鯉魚(りぎょ)	리교
붕어	鮒(ふな)	후나
문어	章魚(たこ)	타코
가재	蝲蛄(ざりがに)	자리가니

민어	ニベ	니베
멍게	ホヤ	호야
성게	ウニ	우니
방어	鰤(ぶり)	부리
해삼	海鼠(なまこ)	나마코
명태	助宗鱈(すけそうだら)	스케소-다라
삼치	鰆(さわら)	사와라
미더덕	エボヤ	에보야
굴	石花(せっか)	셋카
광어	ヒラメ	히라메
고래	鯨(くじら)	쿠지라
북어	干し明太(ほしめんたい)	호시멘타이
미역	若布(わかめ)	와카메
김	海苔(のり)	노리

Unit 04 육류   134쪽

소고기	牛肉(ぎゅうにく)	규-니쿠
돼지고기	豚肉(ぶたにく)	부타니쿠
닭고기	鶏肉(とりにく)	도리니쿠
칠면조	七面鳥(しちめんちょう)	시치멘쵸-
베이컨	ベーコン	베-콘
햄	ハム	하무
소시지	ソーセージ	소-세-지
육포	干し肉(ほしにく)	호시니쿠
양고기	羊肉(ようにく)	요-니쿠
달걀	卵(たまご)	타마고

Unit 05 음료수   135쪽

콜라	コーラ	코라
사이다	サイダー	사이다-
커피	コーヒー	고-히-
핫초코	ホットチョコレート	홋토쵸코레-토
식혜	シッケ	식케
녹차	緑茶(りょくちゃ)	료쿠챠
우롱차	ウーロン茶(ちゃ)	우-롱챠
밀크티	ミルクティー	미루쿠티-
밀크버블티	ミルクバブルティー	미루쿠바부루티-
우유	牛乳(ぎゅうにゅう)	규-뉴-
두유	豆乳(とうにゅう)	토-뉴-
생수	ミネラルウォーター	미네라우워-타-
오렌지쥬스	オレンジジュース	오렌지쥬-스
레모네이드	レモネード	레몬네-도
요구르트	ヤクルト	야쿠루토

Unit 06 가공식품 및 요리재료   137쪽

치즈	チーズ	치-즈
요거트	ヨーグルト	요-구루토
아이스크림	アイスクリーム	아이스쿠리-무
분유	粉(こな)ミルク	코나미루쿠
버터	バター	바타-

참치	ツナ缶	츠나칸
식용유	食用油	쇼쿠요-유
간장	醬油	쇼-유
소금	塩	시오
설탕	砂糖	사토우
식초	酢	스
참기름	ごま油	고마아부라
후추	胡椒	코쇼-
와사비	山葵	와사비
된장	味噌	미소
가츠오부시	かつお節	가츠오부시

Unit 07 한일대표요리
한국요리　　　　　　　　　　　　　　139쪽

라면	ラーメン	라-멘
냉면	冷麵	레이멘
삼계탕	サムゲタン	사무게탕
된장찌개	テンジャンチゲ	텐장치게
청국장찌개	チョングクチャンチゲ	촌구쿠챤치게
순두부찌개	スンドゥブチゲ	순두부치게
부대찌개	プデチゲ	푸데치게
갈비탕	カルビタン	카루비탕
감자탕	カムジャタン	카무쟈탕
설렁탕	ソルロンタン	소루론탕
비빔밥	ビビンバ	비빈바
돌솥비빔밥	石焼きビビンバ	이시야키비빈바
떡볶이	トッポッキ	톳폿키
순대	スンデ	슨데
오뎅	くし刺しおでん	쿠시자시오뎅
찐빵	あんまん	안만
팥빙수	かき氷	카키코오리
떡	餅	모치
해물파전	海鮮チヂミ	카이센치지미
김밥	キンパプ	킨파푸
간장게장	カンジャンケジャン	칸잔케장
김치	キムチ	키무치
삼겹살	サムギョプサル	사무교푸사루
족발	ジョクパル	조쿠파루

일본요리　　　　　　　　　　　　　　140쪽

회	刺身	사시미
생선초밥	寿司	스시
다코야키	たこ焼き	타코야키
오코노미야키	お好み焼き	오코노미야키
우동	うどん	우동
메밀소바	蕎麦	소바
돈코츠라멘	豚骨ラーメン	톤고츠라멘
돈부리	丼ぶり	돈부리
야키소바	焼きそば	야키소바

규동	牛丼 (ぎゅうどん)	규-동
낫또	納豆 (なっとう)	낫토-
미소된장	味噌汁 (みそしる)	미소시루
스이모노	吸い物 (すもの)	스이모노
스키야키	すき焼き (やき)	스키야키
우메보시	梅干し (うめぼし)	우메보시
오니기리	御握り (おにぎり)	오니기리
나가사키짬뽕	長崎ちゃんぽん (ながさき)	나가사키찬퐁
카레	カレー	카레-
튀김	天麩羅 (てんぷら)	텐푸라
가쯔동	カツ丼 (どん)	카츠동
가이세키	懐石 (かいせき)	카이세키
오세치	お節 (せち)	오세치
아지타마고	半熟卵 (はんじゅくたまご)	한쥬큐타마고
돈까스	豚カツ (とん)	톤카츠
아게모노	揚げ物 (あもの)	아게모노

기타 142쪽

햄버거	ハンバーガー	한바-가-
피자	ピザ	피자
샌드위치	サンドイッチ	산도위치
스테이크	ステーキ	스테-키
와플	ワッフル	왓후루

Unit 08 요리방식 143쪽

데치다	茹でる (ゆ)	유데루
굽다	焼く (や)	야쿠
튀기다	揚げる (あ)	아게루
탕 / 찌개	鍋 (なべ)	나베
찌다	蒸す (む)	무스
무치다	和える (あ)	아에루
볶다	炒める (いた)	이타메루
훈제	薫製 (くんせい)	쿤세이
끓이다	沸かす (わ)	와카스
삶다	茹でる (ゆ)	유데루
섞다	交ぜる (ま)	마제루
휘젓다	回す (まわ)	마와스
밀다	伸ばす (の)	노바스
얇게 썰다	薄めに切る (うすき)	우스메니키루
손질하다	下拵え (したごしら)	시타고시라에
반죽하다	捏ねる (こ)	코네루

Unit 09 패스트푸드점 145쪽

롯데리아	ロッテリア	롯테리아
맥도날드	マクドナルド	마쿠도나르도
파파이스	ポパイズ	포파이즈
KFC	ケンタッキー	켄탓키-
피자헛	ピザハット	피자핫토
버거킹	バーガーキング	바-가-킨구
서브웨이	サブウェー	사부웨-

Unit 10 주류　　　　　　　　146쪽

이모쇼츄	芋焼酎	이모쇼-츄-
무기쇼츄	麦焼酎	무기쇼-츄-
호로요이	ほろよい	호로요이
마루	まる	마루
아사히 맥주	朝日ビール	아사히비-루
쥰마이다이긴죠	純米大吟醸	쥰마이다이긴죠-
쥰마이	純米	쥰마이
죠센	上撰	죠-센
죠센 다루사케	上撰樽酒	죠-센다루사케
간바래오도짱	がんばれお父ちゃん	간바레오토짱
히카리마사무네	光正宗	히카리마사무네
교노이즈미	京の泉	쿄-노이즈미
나마쵸조슈	生貯蔵	나마쵸조-
쿠보타만쥬	久保田萬寿	쿠보타만쥬
유자술	柚酒	유즈자케
위스키	ウィスキー	위스키-
보드카	ヴォッカ	봇카
레드와인	レッドワイン	렛토와인
화이트와인	白ワイン	시로와인
막걸리	マッコルリ	맛코루리
동동주	トンドンジュ	톤돈쥬
백하주	ベカジュ	베카쥬
과실주	果実酒	칸지츠슈
복분자술	覆盆子酒	쿠츠가에본시슈
매실주	梅酒	우메슈
청주	清酒	세이슈
칵테일	カクテル	카쿠테루

관련단어　　　　　　　　148쪽

와쇼쿠(일본음식 전체를 지칭하는 말)	和食	와쇼쿠
과음	深酒	후카자케
숙취해소제	宿酔解消剤	슈큐스이카이쇼우자이
알콜중독	アルコホリック	아루코호릭쿠
술친구	飲み友達	노미토모다치
미즈와리(술에 물을타서 마시기 좋게 한 것)	水割り	미즈와리
오유와리(술에 따뜻한 물을 넣어 마시는 것)	お湯割り	오유와리
포장마차	屋台	야타이

Unit 11 맛표현　　　　　　　　149쪽

맛있어요	美味しいです	오이시이데스
맛없어요	不味いです	마즈이데스
싱거워요	薄いです	우스이데스
뜨거워요	熱いです	아츠이데스
달아요	甘いです	아마이데스
짜요	塩からいです	시오카라이데스

매워요	辛いです	카라이데스
얼큰해요	ぴりぴりします	피리피리시마스
시어요	酸っぱいです	슷파이데스
써요	苦いです	니가이데스
떫어요	渋いです	시부이데스
느끼해요	あぶらっこいです	아부랏코이데스
고소해요	香ばしい	고우바시이
담백해요	あっさりです	앗사리데스
시원해요	すっきりします	슷키리시마스
비려요	生臭いです	나마구사이데스
소화가 안 되요	消化に悪いです	쇼-카니와루이데스

관련단어 150쪽

씹다	噛む	시가무
영양분을 공급하다	栄養となる	에이요우토나루
과식하다	食べ過ぎる	타베스키루
먹이다	食わす	쿠와스
삼키다	飲み込む	노미코무
조리법	調理方法	쵸-리호-호-
날것	生物	나마모노
썩다 ↔ fresh	腐る	쿠사루
칼슘	カルシウム	카루스-무
단백질	蛋白質	탄파쿠시즈
비타민	ビタミン	비타민
지방질	脂肪質	시보우시츠
탄수화물	炭水化物	탄스이카부츠
식욕	食欲	쇼쿠요쿠
무기질	無機質	무키시츠
에스트로겐	エストロゲン	에스토로겐
아미노산	アミノ酸	아미노상
체지방	体脂肪	타이시보-
피하지방	皮下脂肪	히카시보-
열량(칼로리)	熱量 / カロリー	네츠료-/ 카로리-
영양소	栄養素	에이요-소
포화지방	飽和脂肪	호우와시보-
포도당	葡萄糖	후도-토-
납	鉛	나마리

Chapter 09. 쇼핑

Unit 1 쇼핑물건

의류 152쪽

정장	正装	세이소-
청바지	ジーパン	즈-팡
티셔츠	ティーシャツ	티-샤츠
원피스	ワンピース	완피-스
반바지	半ズボン	한즈본
치마	スカート	스카-토
조끼	ベスト	베스토

셔츠	シャツ	샤츠
와이셔츠	ワイシャツ	와이샤츠
재킷	ジャケット	쟈켓토
운동복	運動着	운도-키
오리털잠바	ダウンパーカー	다운파-카-
스웨터	セーター	세-타-
우의	雨具	아마구
내복	肌着	하다기
속옷	下着	시타기
팬티	パンツ	판츠
교복	制服	세이후쿠
레이스	レース	레-스
단추	ボタン	보탄
바지	ズボン	즈본
버클	バックル	박쿠루
브래지어	ブラジャー	부라쟈-
블라우스	ブラウス	부라우스
소매	袖口	소데구치
외투	オーバーコート	오-바-코-토
지퍼	チャック	챳쿠
잠옷	パジャマ	파쟈마
한복	ハンボク	한보쿠
기모노	着物	키모노

신발, 양말　154쪽

신발	スニーカー	스니-카
운동화	運動靴	운도-구츠
구두	靴	구츠
부츠	ブーツ	부-츠
슬리퍼	スリッパ	스릿파
조리	草履	조-리
장화	長靴	나가구츠
양말	靴下	쿠츠시타
스타킹	ストッキング	스톳킨구
샌들	サンダル	산다루

기타 액세서리　154쪽

모자	帽子	보-시
가방	鞄	카방
머리끈	ヘアバンド	헤아반도
귀걸이	イヤリング	이야린구
반지	指輪	유비와
안경	眼鏡	메가네
선글라스	サングラス	산구라스
지갑	財布	사이후
목도리	マフラー	마후라-
스카프	スカーフ	스카-후
손목시계	腕時計	우데도케이
팔찌	腕輪	우데와
넥타이	ネクタイ	네쿠타이

벨트	ベルト	베루토
장갑	手袋	데부쿠로
양산	日傘	히가사
목걸이	ネックレス	넥쿠레스
손수건	ハンカチーフ	항카치-후
브로치	ブローチ	부로-치
머리핀	ヘアピン	헤아핀

기타용품 155쪽

비누	石鹸	셋켄
물티슈	ウェットティッシュ	왓토팃슈
생리대	生理帯	세이리타이
기저귀	御襁褓	오무츠
우산	傘	카사
담배	タバコ	타바코
라이터	ライター	라이타-
건전지	乾電池	칸덴치
쇼핑백	買い物袋	카이모노후쿠로
종이컵	紙コップ	카미콧푸
컵라면	カップラーメン	캇푸라-멘
모기약	殺虫剤	삿츄-자이
방취제	防臭剤	보-슈-자이
면도크림	シェービングフォーム	세-핀구호-무
면도날	剃刀	카미소리

스킨	スキン	스킨
로션	ローション	로-숀
썬크림	日焼け止	히야케도메
샴푸	シャンプー	샨푸-
린스	リンス	린스
치약	歯磨き	하미가키
칫솔	歯ブラシ	하부라시
손톱깍이	つめ切り	츠메키리
화장지	トイレットペーパー	토이렛토페-파-
립스틱	リップスティック	릿푸스틱쿠
비비크림	BBクリーム	비비쿠리-무
파운데이션	ファンデーション	환데-숀
빗	櫛	쿠시
사탕	飴	아메
껌	ガム	가무
초콜릿	チョコレート	쵸코레-토
아이셰도	アイシャドウ	아이샤도우
매니큐어	マニキュア	마니큐아
향수	香水	코-스이
마스카라	マスカラ	마스카라
파스	サロンパス	사론파스
카메라	カメラ	카메라
붓	筆	후데

한국어	日本語	발음
책	本	혼
거울	鏡	카가미
핸드폰케이스	携帯電話ケース	케이타이뎅와케-스
옥	玉	타마
진주	真珠	신쥬
루비	ルビー	루비-
다이아몬드	ダイヤモンド	다이야몬도
자수정	紫水晶	무라사키즈-쇼-
에메랄드	緑玉石/エメラルド	료쿠교쿠세키/에메라루도
사파이어	サファイア	사화이아
가넷	ガーネット	가-넷토
아쿠아마린	アクアマリン	아쿠아마링
페리도트	ペリドート	페리도-토
오팔	オパール	오파-루
토파즈	トパーズ	토파-즈
터키석	トルコ石	토루코이시
금	金	킨
은	銀	긴
동	銅	도우

관련단어 158쪽

한국어	日本語	발음
짝퉁제품	偽物	니세모노
바코드	バーコード	바-코-도
계산원	レジ係	레츠가카리
선물	プレゼント	푸레젠토
상표	商標	쇼-효-
현금	現金	겐킹
지폐	紙幣	시헤이
동전	銅貨	도우카
환불	払戻し	하라이 모도시

Unit 02 색상 159쪽

빨간색	赤色	아카이로
주황색	洗色	아라이로
노란색	黄色	키이로
초록색	緑色	미도리이로
파란색	青色	아오이로
남색	紺色	콘이로
보라색	紫色	무라사키이로
아이보리색	アイボリー色	아이보리-이로
황토색	黄土色	오-도로
검은색	黒色	쿠로이로
회색	灰色	하이이로
흰색	白色	시로이로
갈색	茶色	챠이로
분홍색	ピンク色	핀쿠이로

관련단어 160쪽

한국어	日本語	발음
복장	服装	후쿠소우
의상	衣装	이쇼우

직물	織物(おりもの)	오리모노
감촉	感触(かんしょく)	칸쇼쿠
모피	毛皮(けがわ)	케가와
단정한	端整(たんせい)な	탄세이나
깔끔한	きれいな	키레이나
방수복	防水着(ぼうすいぎ)	보우스이기
차려입다	着飾(きかざ)る	키가자루
장식하다	飾(かざ)る	카자루
사치스럽다	おごってる	오곳테루
어울리다	合(あ)う	아우

Unit 3 구매 표현　　　　　　　162쪽

이것	これ	코레
저것(먼것을 가르킬 때)	それ / あれ	소레 / 아레
더 화려한 것	もっと派手(はで)な事(こと)	못토 하데이 코토
더 큰 것	もっと大(おお)きな事(こと)	못토 오-키나 코토
더 작은 것	もっと小(ちい)さな事(こと)	못토 츠이사나 코토
더 수수한 것	もっと渋(しぶ)い事(こと)	못토 시부이 코토
유행상품	流行商品(りゅうこうしょうひん)	류-코-쇼-힝
더 무거운 것	もっと重(おも)い事(こと)	못토 오모이 코토
더 가벼운 것	もっと軽(かる)い事(こと)	못토 카루이 코토
더 긴 것	もっと長(なが)い事(こと)	못토 나가이 코토
더 짧은 것	もっと短(みじか)い事(こと)	못토 미지카이 코토
다른 종류	ほかの種類(しゅるい)	호카노 슈루이
다른 디자인	ほかのデザイン	호카노 데자잉
다른 색깔	ほかの色(いろ)	호카노 이로
더 싼 것	もっと安(やす)いもの	못토 야스이 모노
더 비싼 것	もっと高(たか)いもの	못토 타카이 모노
신상품	新商品(しんしょうひん)	신쇼-힝
세일상품	セール商品(しょうひん)	세-루쇼-힝
(옷을) 입다	着(き)る	키루
(바지를) 입다	穿(は)く	하쿠
신다	履(は)く	하쿠
메다	背負(せお)う	세오우
먹다	食(た)べる	타베루
바르다	塗(ぬ)る	누루
들다	持(も)つ	모츠
만지다	触(さわ)る	사와루
쓰다	書(か)く	카쿠
착용하다	着用(ちゃくよう)する	챠쿠요우스루
몇몇의	いくつか	이쿠츠카

관련단어 164쪽

쇼핑몰	ショッピングモール	숏핀구모-루
상품	商品(しょうひん)	쇼-힝
하자가 있는	欠陥(けっかん)の ある	켁칸노 아루
환불	払(はら)い 戻(もど)す	하라이 모도스
구입하다	買(か)う	카우
영수증	領収書(りょうしゅうしょ)	료-슈-쇼
보증서	保証書(ほしょうしょ)	호쇼-쇼
소매점	小売店(こうりてん)	코-리텡
세일	セール	세-루
계산대	勘定台(かんじょうだい)	칸죠-다이
저렴한	値安(ねやす)だ	네 야스 다
물건이 다 팔리다	商品(しょうひん)が 全部(ぜんぶ) 捌(は)ける	쇼-힝가 젠부 하케루
재고정리	棚(たな)ざらえ	타나자라에
신상품	新商品(しんしょうひん)	신쇼-힝
공짜	ただ	타다

Chapter 10. 도시

Unit 1 자연물 166쪽

강	川(かわ)	카와
과수원	果樹園(かじゅえん)	카쥬엔
나무	木(き)	키
논	田(た)	타
농작물	農作物(のうさくもつ)	노-사쿠모즈
동굴	洞窟(どうくつ)	도-쿠츠
들판	野原(のはら)	노하라
바다	海(うみ)	우미
밭	畑(はたけ)	하타케
사막	砂漠(さばく)	사바쿠
산	山(やま)	야마
섬	島(しま)	시마
삼림	森(もり)	모리
습지	湿地(しっち)	싯치
연못	池(いけ)	이케
저수지	貯水池(ちょすいち)	쵸스이치
초원	草原(そうげん)	소-겐
폭포	滝(たき)	타키
해안	海岸(かいがん)	카이간
협곡	峡谷(きょうこく)	쿄-코쿠
호수	湖(みずうみ)	미즈우미
목장	牧場(ぼくじょう)	보쿠죠-
바위	岩(いわ)	이와

관련단어 168쪽

수확하다	刈(か)り取(と)る	카리토루
씨를 뿌리다	種(たね)を まく	타네오 마쿠
온도	温度(おんど)	온도
수평선	水平線(すいへいせん)	스이헤이센
지평선	地平線(ちへいせん)	치헤이센
화석	化石(かせき)	카세키

습도	湿度 (しつど)	시츠도
대지	敷地 (しきち)	시키치
모래	砂 (すな)	스나
논두렁	畦 (あぜ)	아제

Unit 2 도시 건축물　　169쪽

우체국	郵便局 (ゆうびんきょく)	유−빈쿄쿠
은행	銀行 (ぎんこう)	긴코우
경찰서	警察署 (けいさつしょ)	케이사츠쇼
병원	病院 (びょういん)	뵤−잉
편의점	コンビニ	콘비니
호텔	ホテル	호테루
서점	本屋 (ほんや)	혼야
백화점	デパート / 百貨店 (ひゃっかてん)	데파−토 / 핫카텡
노래방	カラオケ	카라오케
커피숍	カフェ	카페
영화관	映画館 (えいがかん)	에이가칸
문구점	文房具店 (ぶんぼうぐてん)	분보−구텡
제과점	パン屋 (や)	판야
놀이공원	遊園地 (ゆうえんち)	유−엔치
주유소	ガゾリンスタンド	가조린스탄도
성당	聖堂 (せいどう)	세이도−
교회	教会 (きょうかい)	쿄−카이
찻집	喫茶店 (きっさてん)	킷사텡
번화가	繁華街 (はんかがい)	한카가이
미술관	美術館 (びじゅつかん)	비쥬츠칸
학교	学校 (がっこう)	각코우
이슬람사원	イスラム寺院 (じいん)	이스라무지잉
분수	噴水 (ふんすい)	훈스이
공원	公園 (こうえん)	코우엔
댐	ダム	다무
정원	庭 (にわ)	니와
사우나	サウナ	사우나
식물원	植物園 (しょくぶつえん)	쇼쿠부츠엔
동물원	動物園 (どうぶつえん)	도우부츠엔
광장	広場 (ひろば)	히로바
다리	橋 (はし)	하시
박물관	博物園 (はくぶつえん)	하쿠부츠칸
기념관	記念館 (きねんかん)	키넹칸
약국	薬局 (やっきょく)	얏쿄쿠
소방서	消防署 (しょうぼうしょ)	쇼−보−쇼
도서관	図書館 (としょかん)	토쇼칸
미용실	美容室 (びようしつ)	비요우시츠
관광안내소	観光案内所 (かんこうあんないじょ)	칸코−안나이죠
세탁소	洗濯屋 (せんたくや)	크리−닝구
PC방	インターネットカフェ	인타−넷토카페
목욕탕	銭湯 (せんとう)	센토−
발마사지샵	足マッサージ屋 (あし)	아시맛사−지야

안마방	エステサロン	에스테사론	축구	サッカー	삿카−
온천	温泉	온센	배구	バレーボール	바레−보−루
			야구	野球	야큐−

Chapter 11. 스포츠, 여가
Unit 1 스포츠　　　　　　　　　172쪽

볼링	ボウリング	보우린구
암벽등반	ロッククライミング	롯쿠쿠라이밍구
활강	ダウンヒル	다운히루
수상그네	水上ブランコ	스이죠−브랑코
패러글라이딩	パラグライダー	파라구라이다−
번지점프	バンジージャンプ	반지−챤푸
낚시	魚釣り	사카마츠리
인공암벽	フリークライミング	후리−구라이밍구
바둑	囲碁	이고
카레이싱	カーレーシング	카−레신구
윈드서핑	ウインドサーフィン	우인도사−힌
골프	ゴルフ	고루후
테니스	テニス	테니스
스키	スキー	스키−
태극권	太極拳	타이쿄쿠켄
무술	武術	부쥬츠
승마	乗馬	죠−바

탁구	卓球	탓큐−
검술	剣道	켄도우
수영	水泳	스이에이
경마	競馬	케이바
권투	ボクシング	보쿠싱구
태권도	テコンドー	테콘도−
검도	剣道	켄도우
무에타이	ムエタイ	무에타이
격투기	格闘技	카쿠토−키
씨름	シルム/韓国の相撲	씨루무 / 칸코구노스모우
당구	ビリヤード	비리야−도
배드민턴	バドミントン	바도민통
럭비	ラグビー	라구비−
스쿼시	スカッシュ	스캇슈
아이스하키	アイスホッケー	아이스홋케−
핸드볼	ハンドボール	한도보−루
등산	山登り	야마노보리
인라인	インラインスケート	인라인스케−토
조정	ボート	보−토

사이클	サイクル	사이쿠루	에어로빅	エアロビクスダンス	에아로비쿠스단스
요가	ヨガ	요가	아령	ダンベル	단베루
스카이다이빙	スカイダイビング	스카이다이빙구	역도	重量挙げ	쥬ー료ー아게
행글라이더	ハンググライダー	한구구라이다ー	**관련단어**		**176쪽**
피겨스케이트	フィギュアスケート	히규아스케ー토	야구공	野球ボール	야큐보ー루
롤러스케이트	ローラースケート	로ー라ー스케ー토	야구방망이	野球バット	야큐밧토
양궁	アーチェリー	아ー체리ー	축구공	サッカーボール	삿카ー보ー루
스노클링	シュノーケリング	슈노ー케링구	축구화	サッカーシューズ	삿카ー슈ー즈
스쿠버다이빙	スキューバダイビング	스큐ー바다이빙구	글러브	グローブ	구로ー부
해머던지기	ハンマー投げ	한마ー나게	헬멧	ヘルメット	헤루멧토
멀리뛰기	走り幅跳び	하시리하바토비	라켓	ラケット	라켓토
창던지기	槍投げ	야리나게	수영복	水着	미즈기
마라톤	マラソン	마라손	튜브	チューブ	츄ー부
펜싱	フェンシング	휀싱구	수영모	水泳帽	스이에이보ー
쿵푸	カンフー	칸후ー	러닝머신	ランニングマシーン	란닌구마시ー인
합기도	合気道	아이키도ー	코치	コーチ	코ー치
공수도	空手道	카라테도ー	유산소운동	有酸素運動	유ー산소운도ー
레슬링	レスリング	레스링구	무산소운동	無酸素運動	무산소운도ー
스모	相撲	스모ー	근력운동	筋肉運動	킨니쿠운도ー
줄넘기	縄飛び	나와토비	호흡운동(숨쉬기 운동)	呼吸運動	코큐ー운도ー
뜀틀	跳馬	쵸ー바	수경	スイミングゴーグル	스이밍구고ー구루
			맨손체조	徒手体操	토슈타이소우

Unit 2 오락, 취미　　　　177쪽

영화감상	映画鑑賞 (えいがかんしょう)	에이가칸쇼-
음악감상	音楽鑑賞 (おんがくかんしょう)	온가쿠칸쇼-
여행	旅行 (りょこう)	료코-
독서	読書 (どくしょ)	도쿠쇼
춤추기	踊り (おど)	오도리
노래 부르기	歌を歌う (うた うた)	우타오 우타우
운동	運動 (うんどう)	운도-
등산	山登り (やまのぼ)	야마노보리
수중잠수	水中潜水 (すいちゅうせんすい)	스이츄-센스이
악기연주	楽器演奏 (がっきえんそう)	갓키엔소-
요리	料理 (りょうり)	료-리
사진 찍기	写真撮影 (しゃしんさつえい)	샤신사츠에이
정원 가꾸기	ガーデニング	가-데닝구
우표수집	切手収集 (きってしゅうしゅう)	킷테슈-슈-
낚시	魚釣り (さかなつ)	사카나츠리
십자수	クロスステッチ	쿠로스스텟치
TV보기	テレビ見る (み)	테레비미루
드라이브	ドライブ	도라이부
빈둥거리기	ごろごろする	고로고로스루
인터넷	インターネット	인타-넷토
게임	ゲーム	게-무
아이쇼핑하기	ウィンドウショッピングする	우인도우숏핑구스루
캠핑하기	キャンピングする	캬핑구스루
마작	マージャン	마-쟝
장기	将棋 (しょうぎ)	쇼-기
도예	陶芸 (とうげい)	토-게이
뜨개질	編み物 (あ もの)	아미모노
일하기	働く (はたら)	하타라쿠
멍 때리기	ぼんやりする	본야리스루

Unit 3 악기　　　　179쪽

기타	ギター	기타-
피아노	ピアノ	피아노
색소폰	サクソフォン	사쿠소혼
플루트	フルート	후루-토
하모니카	ハーモニカ	하-모니카
클라리넷	クラリネット	쿠라리넷토
트럼펫	トランペット	토란펫토
하프	ハープ	하-푸
첼로	チェロ	체로
아코디언	アコーディオン	아코-디온
드럼	ドラム	도라무
실로폰	シロホン	스로혼
거문고	琴 (こと)	코토
가야금	伽倻琴 (かやきん)	카야킨
대금	大笒 (たいきん)	타이킨
장구	チャング	챠구
징	鉦 (かね)	카네
해금	奚琴 (けいきん)	케이킨

한국어	일본어	발음
단소	短簫	탄쇼
피리	笛	후에
오카리나	オカリナ	오카리나
바이얼린	バイオリン	바이오린
비올라	ビオラ	비오라

Unit 4 여가　　181쪽

휴양하다	休養する	큐-요-스루
관광하다	観光する	칸코-스루
기분전환하다	気分転換する	키분텐칸 스루
건강관리하다	健康管理をする	켄코-칸리오 스루
탐험하다	探検する	칸란스루
박물관을 참관하다	博物館を観覧する	하쿠부츠칸오 칸란스루

Unit 5 영화　　182

영화관	映画館	에이가칸
매표소	切符売場	킷푸우리바
히트작	ヒット作	힛토사쿠
매점	売店 / 売り場	바이텡 / 우리 바
공포영화	ホラー映画	호라-에이가
코미디영화	コメディー映画	코메디-에이가
액션영화	アクション映画	아쿠숀에이가
어드벤처영화	アドベンチャー映画	아도벤챠-에이가
스릴러영화	スリラー映画	스리라-에이가
주연배우	主演俳優	슈엔하이유-
조연배우	助演俳優	죠엔하이유-
남자주인공	主演男優	슈엔단유-
여자주인공	女主人公	온나슈진코-
영화사	映画史	에이가시
감독	監督	칸토쿠

관련단어　　183쪽

한국어	일본어	발음
뮤지컬영화	ミュージカル映画	뮤-지카루에이가
다큐멘터리영화	ドキュメンタリー映画	도큐멘타리에이가
로맨틱영화	ロマンチック映画	로만틱쿠에이가

Part 2 여행 단어

Chapter 01. 공항에서

Unit 01 공항　　186쪽

국내선	国内線	코쿠나이센
국제선	国際線	코쿠사이센
탑승창구	搭乗口	토우쇼-구치
항공사	航空会社	코-쿠-가이샤
탑승수속	搭乗手続き	토-죠-테츠즈키

항공권	航空券 (こうくうけん)	코-쿠켄
여권	パスポート	파스포-토
탑승권	搭乗券 (とうじょうけん)	토-죠-켄
금속탐지기	金属探知器 (きんぞくたんちき)	킨조쿠탄치키
창가좌석	窓側の席 (まどがわのせき)	마도가와노세키
통로좌석	通路側の席 (つうろがわのせき)	츠우로가와노세키
탁송화물	託送貨物 (たくそうかもつ)	타쿠소우카모츠
수화물표	手荷物切符 (てにもつきっぷ)	테니모츠킷푸
추가수화물 운임	追加手荷物運賃 (ついかてにもつうんちん)	츠이카테니모츠운칭
세관	税関 (ぜいかん)	제이캉
신고하다	申告する (しんこくする)	신코쿠스루
출국신고서	出国申告書 (しゅっこくしんこくしょ)	슛코쿠신코쿠쇼
면세점	免税店 (めんぜいてん)	멘제이텡
입국심사	入国審査 (にゅうこくしんさ)	뉴-코쿠신사
휴대품 신고서	携帯品申告書 (けいたいひんしんこくしょ)	케이타이힝신코쿠쇼
비자	ビザ	비자
세관원	税関職員 (ぜいかんしょくいん)	제이칸쇼쿠잉

관련단어 188쪽

목적지	目的地 (もくてきち)	모쿠테키치
도착지	到着地 (とうちゃくち)	토-챠쿠치
방문목적	訪問目的 (ほうもんもくてき)	호우몬모쿠테키
체류기간	滞留期間 (たいりゅうきかん)	타이류-키칸
입국허가	入国許可 (にゅうこくきょか)	뉴-코쿠쿄카
검역소	検疫所 (けんえきじょ)	켄에키죠
수하물 찾는 곳	手荷物受取所 (てにもつうけとりしょ)	테니모치우케토리쇼
리무진 버스	リムジンバス	리무진바스

Unit 02 기내 탑승 189쪽

창문	窓 (まど)	마도
객실 승무원	客室乗務員 (きゃくしつじょうむいん)	캬쿠시츠쇼-무잉
객석 위쪽의 짐칸	客席の上の荷物空間 (きゃくせきのうえのにもつくうかん)	캬쿠세키노우에노니모츠쿠-칸
에어컨	エアコン	에아콘
조명	照明 (しょうめい)	쇼-메이
모니터	モニター	모니타-
좌석(자리)	席 (せき)	세키
구명조끼	救命チョッキ (きゅうめい)	큐-메이춋키
호출버튼	呼び出しボタン (よびだし)	요비다시보탄
짐	荷物 (にもつ)	니모츠
안전벨트	安全ベルト (あんぜん)	안젠베루토
통로	通路 (つうろ)	츠-로
비상구	非常口 (ひじょうぐち)	히죠-구치
화장실	手洗/トイレ (てあらい)	테아라이 / 토이레
이어폰	イヤホン	이야혼
조종실	コックピット	콧쿠핀토

기장	機長	키쵸-
부기장	副機長	후쿠키쵸-
활주로	滑走路	캇쇼-로

관련단어 191쪽

도착 예정 시간	到着予定時刻	토우챠쿠요테이지코쿠
이륙하다	離陸する	리리쿠스루
착륙하다	着陸する	챠쿠리쿠스루
무료 서비스	無料サービス	무료-사-비스
사용 중	使用中	시요-츄-
금연 구역	禁煙区域	킨엔쿠이키
시차적응 안됨	時差ボケ	지사포케
경유	経由	케이유
직항	直航	춋코우
좌석 벨트를 매다	シートベルトをする	시-토베루토오 스루
연기 / 지연	延期 / 遅延	엔키/치엔

Unit 03 기내서비스 192쪽

신문	新聞	신분
면세품 목록	免税品カタログ	멘제이힝카타로구
잡지	雑誌	잣시
담요	毛布	모-후
베개	枕	마쿠라
입국카드	入国カード	뉴-코쿠카-도

티슈	ティッシュ	팃슈
음료수	飲み物	노미모노
기내식	機内食	키나이쇼쿠
맥주	ビール	비-루
와인	ワイン	와인
물	水	미즈
커피	コーヒー	코-히-
차	お茶	오챠

관련단어 193쪽

이륙	離陸	리리쿠
착륙	着陸	챠쿠리쿠
홍차	紅茶	코-챠
물티슈	ウェットティッシュ	우엣토팃슈
스튜어드	スチュワード	스츄와-도
샐러드	サラダ	사라다
알로에쥬스	アロエジュース	아로에쥬-스
탄산음료	炭酸飲料	탄산인료-

Chapter 02. 입국심사

Unit 01 입국목적 194쪽

비즈니스	ビジネス	비지네스
여행, 관광	旅行 / 観光	료코- / 칸코-
공무	公務	코-무

취업	就職	슈−쇼쿠
거주	居住	쿄쥬−
친척 방문	親戚への訪問	신세키헤노호−몬
유학	留学	류−가쿠
귀국	帰国	키코쿠
기타	その他	소노타

Unit 02 거주지　　　　　　　　195쪽

호텔	ホテル	호테루
친척집	親戚の家	신세키노 이에
친구집	友人の家	유−징노 이에
미정입니다	未定です	미테이데스

Chapter 03. 숙소

Unit 01 예약　　　　　　　　　196쪽

예약	予約	요야쿠
체크인	チェックイン	쳇쿠인
체크아웃	チェックアウト	쳇쿠아우토
싱글 룸	シングルルーム	싱구루루−무
더블 룸	ダブルルーム	다부루루−무
트윈 룸	ツインルーム	츠인루−무
스위트룸	スイートルーム	스이−토루−무
다인실	ドーミトリー	도−미토리−
일행	一行	잇코−

흡연실	喫煙室	키츠엔시츠
금연실	禁煙室	킨엔시츠
방값	部屋代	헤야다이
예약번호	予約番号	요야쿠반고−
방카드	ルームキー	루−무키−

관련단어　　　　　　　　　　197쪽

예치금	保証金	호쇼−킹
환불	払い戻し	하라이모도시
봉사료	サービス料	사−비스료−

Unit 02 호텔　　　　　　　　　198쪽

프런트	フロント	프론토
접수계원	受付の人	우케츠케노 히토
도어맨	ドアマン	도아만
벨보이	ベルボーイ	베루보−이
사우나	サウナ	사우나
회의실	会議室	카이기시츠
레스토랑	レストラン	레스토랑
룸메이드	ルームメード	루−무메−도
회계	会計	카이케이

Unit 03 숙소 종류　　　　　　199쪽

호텔	ホテル	호테루
캠핑	キャンプ	캬푸
게스트하우스	ゲストハウス	게스토하우스

민박	民宿	민슈쿠
료칸	旅館	료칸
펜션	ペンション	벤숀
캡슐호텔	カプセルホテル	카푸세루호테루
인터넷카페	インターネットカフェ	인타-넷토카훼
국민숙사	国民宿舎	코쿠민슈쿠샤

Unit 04 룸서비스   **200쪽**

모닝콜	モーニングコール	모-닝구코-루
세탁	洗濯	센타쿠
다림질	アイロン	아이론
드라이클리닝	ドライクリーニング	도라이쿠리-닌구
방청소	部屋の掃除	헤야노소우지
식당 예약	食堂の予約	쇼쿠도우노 요야쿠
안마	按摩	안마
식사	食事	쇼쿠지
미니바	ミニバー	미니바-
팁	チップ	칩푸

Chapter 04. 교통

Unit 01 탈 것   **202쪽**

비행기	飛行機	히코-키
헬리콥터	ヘリコプター	헤리코푸타-
케이블카	ケーブルカー	케-부루카-
여객선	旅客船	료카쿠센
요트	ヨット	욧토
잠수함	潜水艦	센스이칸
택시	タクシー	타쿠시-
자동차	車	쿠루마
버스	バス	바스
기차	汽車	키샤
지하철	地下鉄	치카테츠
자전거	自転車	지텐샤
트럭	トラック	도랏쿠
크레인	クレーン	쿠레엔
모노레일	モノレール	모노레-루
소방차	消防車	쇼-보-샤
구급차	救急車	큐-큐-샤
이층버스	二階建てバス	니카이다테바스
견인차	牽引車	켄인샤
관광버스	観光バス	칸코-바스
레미콘	レミコン	레미콘
순찰차	パトカー	파토카-
오토바이	オートバイ	오-토바이
증기선	蒸気船	죠-키센
지게차	フォークリフト	효-구리후토
열기구	熱気球	네츠키큐-

한국어	일본어	발음
스포츠카	スポーツカー	스포-츠카-
벤	バン	반

Unit 02 자동차 명칭 / 자전거 명칭 204쪽

엑셀(가속페달)	アクセル	아쿠세루
브레이크	ブレーキ	부레-키
백미러	バックミラー	밧쿠미라-
핸들	ハンドル	한도루
클랙슨	クラクション	쿠라숀
번호판	ナンバープレート	난바-푸레-토
변속기	スピードメーター	스피-도메-타-
트렁크	トランク	토란쿠
클러치	クラッチ	쿠랏치
안장	サドル	사도루
앞바퀴	前輪(ぜんりん)	젠린
뒷바퀴	後輪(こうりん)	코-린
체인	チェーン	체-잉
페달	ペダル	페다루

관련단어 206쪽

한국어	일본어	발음
안전벨트	シートベルト	시-토베루토
에어백	エアバッグ	에아밧쿠
배터리	バッテリー	밧테리-
엔진	エンジン	엔진
LPG	エルピージー	에루피-지-
윤활유	潤滑油(じゅんかつゆ)	쥰가츠유
경유	軽油(けいゆ)	케이유
휘발유	ガソリン	가소린
세차	洗車(せんしゃ)	센샤

Unit 03 교통 표지판 207쪽

서행	徐行(じょこう)	죠코-
일시정지	一時停止(いちじていし)	이치지테이시
추월금지	追越禁止(おいこしきんし)	오이코시킨시
제한속도	制限速度(せいげんそくど)	세이겐소쿠도
일방통행	一方通行(いっぽうつうこう)	잇포-츠-코-
주차금지	駐車禁止(ちゅうしゃきんし)	츄-샤킨시
우측통행	右側通行(みぎがわつうこう)	미기가와츠-코-
진입금지	進入禁止(しんにゅうきんし)	신뉴-킨시
유턴금지	Uターン禁止(きんし)	유탄킨시
낙석도로	落石道路(らくせきどうろ)	라쿠세키도-로
어린이 보호구역	スクールゾーン	스쿠-루존

Unit 04 방향 208쪽

좌회전	左折(させつ)	사세츠
우회전	右折(うせつ)	우세츠
직진	直進(ちょくしん)	죠쿠신
백(BACK)	バック	밧쿠
유턴	Uターン	유탄-
동서남북	東西南北(とうざいなんぼく)	토우자이난보쿠

관련단어 209쪽

후진하다	バックする	밧쿠스루
고장나다	故障する	코쇼-스루
(타이어가) 펑크나다	タイヤがパンクする	타이야가 판쿠스루
견인하다	牽引する	켄인스루
갈아타다	乗り換える	노리카에루
차가 막히다	車が渋滞する	쿠루마가 쥬-타이스루
주차위반 딱지	駐車違反のステッカー	츄-샤이한노 스팃카-
지하철노선도	地下鉄の路線図	치카테츠노 로센즈
대합실	待合室	마치아이시츠
운전기사	運転手	운텐슈
운전면허증	運転免許証	운텐멘쿄쇼-
중고차	中古車	츄-코샤
새차	新車	신샤

Unit 05 거리풍경 210쪽

신호등	信号灯	신고우토우
횡단보도	横断歩道	오우단호도우
주유소	ガソリンスタンド	가소린스탄도
인도	歩道	호도-
차도	車道	샤도-
고속도로	高速道路	코-소쿠도-로
교차로	交差点	코-사텐
지하도	地下道	치카도-
버스정류장	バス停	바스테이
방향표지판	方向標識板	호-코-효-시키방
육교	陸橋	릿쿄-
공중전화	公衆電話	쿄-슈-덴와

Chapter 05. 관광

Unit 01 일본 대표 관광지 212쪽

하라주쿠	原宿	하라쥬쿠
도쿄타워	東京タワー	토우쿄-타와-
신주쿠	新宿	신쥬쿠
오다이바	お台場	오다이바
에노시마	江の島	에노시마
아사쿠사	浅草	아사쿠사
디즈니랜드	ディズニーランド	디즈니-란도
시부야	渋谷	시부야
에비스	恵比寿	에비스
우에노	上野	우에노
후지산	富士山	후지상
하코네	箱根	하코네
후지큐 하이랜드	富士急ハイランド	후지큐하이란도
요코하마	横浜	요코하마
오사카성	大阪城	오-사카죠-

298

도톤보리	道頓堀 (どうとんぼり)	도-톤보리
유니버셜스튜디오	ユニバーサルスタジオ	유니바-사루스타지오
우메다	梅田 (うめだ)	우메다
나라공원(사슴공원)	奈良公園 (ならこうえん)	나라코-엔
도다이지	東大寺 (とうだいじ)	토-다이지
킨카쿠지	金閣寺 (きんかくじ)	킨카쿠지
기요미즈데라	清水寺 (きよみずでら)	키요미즈데라
고베 포트 타워	神戸ポートタワー (こうべ)	코-베포-토타와-
하버랜드	ハーバーランド	하-바-란도
기타노이진칸	北野異人館 (きたのいじんかん)	키타노이진칸
하우스텐보스	ハウステンボス	하우스텐보스
벳부 지옥 온천	別府地獄温泉 (べっぷじごくおんせん)	벳부지고쿠온센
유후인 긴린 코호수	由布院金鱗湖 (ゆふいんきんりんこ)	유후인킨린코
다자이후	大宰府 (だざいふ)	다카이후
모모치해변	ももち海浜 (かいひん)	모모치카이힝
나카스야타이	中洲屋台 (なかすやたい)	나카스야타이
아소산	阿蘇山 (あそさん)	아소상
오타루운하	小樽運河 (おたるうんが)	오타루웅가
삿포로	札幌 (さっぽろ)	삿포로
후라노	富良野 (ふらの)	후라노
비에이	美瑛 (びえい)	비에이
하코다테	函館 (はこだて)	하코다테
나가사키	長崎 (ながさき)	나가사키
데지마	出島 (でじま)	데지마
사세보	佐世保 (させぼ)	사세보
나하	那覇 (なは)	나하
아메리칸 빌리지	アメリカンビレッジ	아메리칸비렛지
가이유칸	海遊館 (かいゆうかん)	카이유-칸
고쿠라성	小倉城 (こくらじょう)	코쿠라죠-
사쿠라지마	桜島 (さくらじま)	사쿠라지마

Unit 02 일본 볼거리(예술, 공연 및 축제) 216쪽

가부키공연	歌舞伎公演 (かぶきこうえん)	가부키코-엔
노	能 (のう)	노-
분라쿠	文楽 (ぶんらく)	분라쿠
우키요에	浮世絵 (うきよえ)	우키요에
불꽃축제	花火祭り (はなびまつり)	하나비마츠리
간다마츠리	神田祭 (かんだまつり)	칸다마츠리
기온마츠리	祇園祭 (ぎおんまつり)	기온마츠리
텐진마츠리	天神祭 (てんじんまつり)	텐진마츠리
사쿠라마츠리	桜祭り (さくらまつり)	사쿠라마츠리

관련단어 216쪽

관객 / 청중	観客 / 聴衆 (かんきゃく/ちょうしゅう)	칸캬쿠/쵸-슈-

Unit 03 나라이름

아시아 アジア 아지아 **217쪽**

한국어	일본어	발음
대한민국 (한국)	韓国	칸코쿠
중국	中国	츄-고쿠
일본	日本	니혼
대만	台湾	타이완
필리핀	フィリピン	휘리핀
인도네시아	インドネシア	인도네시아
인도	インド	인도
파키스탄	パキスタン	파키스탄
우즈베키스탄	ウズベキスタン	우즈베키스탄
카자흐스탄	カザフスタン	카자후스탄
러시아	ロシア	로시아
몽골	モンゴル	몬고루
태국	タイ	타이

유럽 ヨーロッパ 유-롯파 **218쪽**

스페인	スペイン	스페인
프랑스	フランス	후란스
포르투갈	ポルトガル	포루토가루
아이슬란드	アイスランド	아이스란도
스웨덴	スウェーデン	스웨-덴
노르웨이	ノルウェー	노루웨-
핀란드	フィンランド	힌란도
아일랜드	アイルランド	아이루란도
영국	英国 / イギリス	에이코쿠 / 이기리스
독일	ドイツ	도이츠
라트비아	ラトビア	라도비아
벨라루스	ベラルーシ	베라루-지
우크라이나	ウクライナ	우쿠라이나
루마니아	ルーマニア	루-마니아
이탈리아	イタリア	이타리아
그리스	ギリシャ	기리샤

북아메리카 北米/北アメリカ 키타 아메리카 **219쪽**

미국	米国 / アメリカ	베이코쿠 / 아메리카
캐나다	カナダ	카나다
그린란드	グリーンランド	구린-란도

남아메리카 南米 / 南アメリカ 미나미 아메리카 **219쪽**

멕시코	メキシコ	메키시코
쿠바	キューバ	큐-바
과테말라	グアテマラ	구아테마라
베네수엘라	ベネズエラ	베네즈에라
에콰도르	エクアドル	에쿠아도루
페루	ペルー	페루-
브라질	ブラジル	브라지루
볼리비아	ボリビア	보리비아

파라과이	パラグアイ	파라구아이
칠레	チリ	치리
아르헨티나	アルゼンチン	아루젠친
우루과이	ウルグアイ	우루구아이

중동 中東 _{ちゅうとう} 츄-토우 220쪽

튀르키예	トルコ	도루코
시리아	シリア	시리아
이라크	イラク	이라쿠
요르단	ヨルダン	요루단
이스라엘	イスラエル	이스라에루
레바논	レバノン	레바논
오만	オマーン	오만-
아프가니스탄	アフガニスタン	아후가니스탄
사우디아라비아	サウジアラビア	사우지아라비아

아프리카 アフリカ 아후리카 220쪽

모로코	モロッコ	모롯코
알제리	アルジェリア	아루제리아
리비아	リビア	리비아
수단	スーダン	스-단
나이지리아	ナイジェリア	나이제리아
에디오피아	エチオピア	에치오비아
케냐	ケニア	케니아

오세아니아 オセアニア 오세아니아 **221쪽**

오스트레일리아	オーストラリア	오-스토라리아
뉴질랜드	ニュージーランド	뉴-지-란도
피지	フィジー	휘지-

관련단어 222쪽

국가	国家	콧카
인구	人口	진코쿠
수도	首都	슈토
도시	都会	토카이
시민	市民	시민
분단국가	分断国家	분단곳카
통일	統一	토-이츠
민주주의	民主主義	민슈슈기
사회주의	社会主義	샤카이슈기
공산주의	共産主義	쿄-상슈기
선진국	先進国	센신코쿠
개발도상국	開発途上国	카이하츠토죠-코쿠
후진국	後進国	코-신코쿠
전쟁	戦争	센소-
분쟁	紛争	훈소-
평화	平和	헤이와
고향	故郷	후루사토
이민	移民	이민
태평양	太平洋	타이헤-요우

대서양	大西洋 (たいせいよう)	타이세-요우
인도양	インド洋 (よう)	인도요우
3대양	三大洋 (さんだいよう)	산다이요우
7대주	七大州 (ななだいしゅう)	나나다이슈-

Unit 04 세계 도시　　　　　224쪽

로스앤젤레스	ロサンゼルス	로산제루스
뉴욕	ニューヨーク	뉴-요-쿠
워싱턴DC	ワシントンD.C.	와신톤디씨
샌프란시스코	サンフランシスコ	산후란시스코
파리	パリ	파리
런던	ロンドン	론돈
베를린	ベルリン	베루린
로마	ローマ	로-마
서울	ソウル	소우루
북경	北京 (ぺきん)	베킹
도쿄	東京 (とうきょう)	토-쿄-
상해	上海 (しゃんはい)	샹하이
시드니	シドニー	시도니-

Part 3 비즈니스 단어

Chapter 01. 경제　　　　　228쪽

값이 비싼	値段が 高い (ねだん たか)	네단가 타카이
값이 싼	値段が 安い (ねだん やす)	네단가 야스이
경기불황	景気不況 (けいき ふきょう)	케이키후쿄-
경기호황	好景気 (こうけいき)	코우케이키
공급받다	供給を 受ける (きょうきゅう う)	쿄-큐-오 우케루
공급하다	供給する (きょうきゅう)	쿄-큐스루
고객 / 의뢰인	お客様 / 依頼者 (きゃくさま いらいしゃ)	오캬쿠사마 / 이라이샤
낭비	浪費 (ろうひ)	로-히
도산, 파산	倒産 (とうさん)	토-상
불경기	不景気 (ふけいき)	후케이키
물가상승	物価上昇 (ぶっか じょうしょう)	붓카죠-쇼-
물가하락	物価下落 (ぶっか げらく)	붓카게라쿠
돈을 벌다	お金を もうける (かね)	오카네오 모우케루
무역수지 적자	貿易収支赤字 (ぼうえきしゅうし あかじ)	보-에키슈-시 아카지
무역수지 흑자	貿易収支黒字 (ぼうえきしゅうし くろじ)	보-에키슈-시 쿠로지
상업광고	商業広告 (しょうぎょうこうこく)	쇼-교-코-코쿠
간접광고	間接広告 (かんせつこうこく)	칸세츠코-코쿠
제조 / 생산	製造/生産 (せいぞう せいさん)	세이조우 / 세이상

한국어	일본어	발음
수입	輸入	유뉴-
수출	輸出	유슈츠
중계무역	中継貿易	나카츠기보-에키
수수료	コミッション	코밋숀
이익	利益	리에키
전자상거래	電子商取引	뎅시쇼-토리히키
투자하다	投資する	토우시스루

관련단어 230쪽

한국어	일본어	발음
독점권	独占権	도쿠센켄
총판권	一手販売権	잇테한바이켄
상표권	商標権	쇼-효-켄
상표권침해	商標権侵害	쇼-효-켄신가이
특허권	特許権	톳쿄켄
저작권	著作権	초사쿠켄
저작권침해	著作権侵害	초사쿠켄신가이
특허권침해	特許権侵害	톳쿄켄신가이
인증서	認証書	닌쇼-쇼
해외법인	海外法人	카이가이호-징
자회사	子会社	코가이샤
사업자등록증	事業者登録証	지교-샤토-로쿠쇼
오프라인	オフライン	오후라인
온라인	オンライン	온라인
레드오션전략	レッドオーシャン戦略	렛도오-샨 센랴쿠
블루오션전략	ブルーオーシャン戦略	부루-오-샨 센랴쿠
퍼플오션전략	パープルオーシャン戦略	파-푸루오-샨 센랴쿠
인플레이션	インフレーション(=インフレ)	인후레-숀 (인후레)
디플레이션	デフレーション(=デフレ)	데후레-숀 (데후레)
성공	成功	세이코-
실패	失敗	싯파이
벼락부자	成金	나리킨

Chapter 02. 회사

Unit 01 직급, 지위 232쪽

한국어	일본어	발음
회장	会長	카이쵸-
사장	社長	샤쵸-
부사장	副社長	후쿠샤쵸-
부장	部長	부쵸-
차장	次長	지쵸-
과장	課長	가쵸-
대리	代理	다이리
주임	主任	슈닝
사원	社員	샤잉
상사	上司	죠-시
동료	同僚	도-료-

부하	部下(ぶか)	부카
신입사원	新入社員(しんにゅうしゃいん)	신뉴-샤잉
계약직	契約社員(けいやくしゃいん)	케이야쿠샤잉
정규직	正社員(せいしゃいん)	세이샤잉

관련단어 233쪽

임원	役員(やくいん)	야쿠잉
고문	顧問(こもん)	코몬
중역	重役(じゅうやく)	쥬-야쿠
전무	専務(せんむ)	센무
상무	常務(じょうむ)	죠우-무
대표	代表(だいひょう)	다이효우

Unit 02 부서 234쪽

구매부	購買部(こうばいぶ)	코우바이부
기획부	企画部(きかくぶ)	키카쿠부
법무부	法務部(ほうむぶ)	호-무부
연구개발부	研究開発部(けんきゅうかいはつぶ)	켄큐-카이하츠부
관리부	管理部(かんりぶ)	칸리부
회계부	会計部(かいけいぶ)	카이케이부
영업부	営業部(えいぎょうぶ)	에이교-부
인사부	人事部(じんじぶ)	징지부
자금부	資金部(しきんぶ)	시킹부
경영전략부	経営戦略部(けいえいせんりゃくぶ)	케이에이센랴쿠부
해외영업부	海外営業部(かいがいえいぎょうぶ)	카이가이에이쿄부

Unit 03 근무시설 및 사무용품 235쪽

컴퓨터	コンピューター	콘퓨-타-
본체	本体(ほんたい)	혼타이
모니터	モニター	모니타-
마우스	マウス	마우스
태블릿	タブレット	타부렛토
노트북	ノートパソコン	노토파소콘
책상	机(つくえ)	츠쿠에
서랍	引(ひ)き出(だ)し	히키다시
팩스	ファックス	홧쿠스
복사기	コピー機(き)	코피-키
전화기	電話機(でんわき)	뎅와키
A4용지	A4用紙(ようし)	에이포요-시
스캐너	スキャナー	스캬나-
계산기	計算機(けいさんき)	케이상키
공유기	アクセスポイント	아쿠세스포인토
일정표	日程表(にっていひょう)	닛테이효-
테이블	テーブル	테-부루
핸드폰	携帯電話(けいたいでんわ)	케이타이뎅와
스마트폰	スマートフォン	스마-토혼

관련단어 237쪽

재부팅	再起動(さいきどう)	사이키도우
아이콘	アイコン	아이콘
커서	カーソル	카-소루

클릭	クリック	쿠릿쿠
더블클릭	ダブルクリック	다부루쿠리쿠
홈페이지	ホームページ	호-무페-지
메일주소	メールアドレス	메-루아도레스
첨부파일	添付ファイル	텐푸햐이류
받은편지함	メールの受信箱	메루노 쥬신바코
보낸편지함	メールの送信箱	메루노 소-신바코
스팸메일	スパムメール	스파무메-루
댓글	スレッド	스렛도
방화벽	ファイアウォール	화이아워-루

Unit 04 근로 238쪽

고용하다	雇う	야토우
고용주	雇用主	코요우누시
임금 / 급여	賃金/給与	친기 / 큐-요
수수료	手数料	테수-료-
해고하다	解雇する	카이코 스루
인센티브	インセンティブ	인센티부
승진	昇進	쇼-신
출장	出張	슛쵸-
회의	会議	카이기
휴가	休み	야스미
출근	出勤	슛킹
퇴근	退勤	타이킹
조퇴	早退	소우타이
지각	遅刻	치코쿠
잔업	残業	잔쿄-
연봉	年俸	넹보-
이력서	履歴書	리레키쇼
가불	仮払い	카리바라이
은퇴	引退	인타이
회식	会食	카이쇼쿠

관련단어		239쪽
연금	年金	넹킹
보너스	ボーナス	보-나스
월급날	月給日	겟큐-비
아르바이트	アルバイト	아루바이토
급여인상	給与引き上げ	큐-요히키아게

Chapter 03. 증권, 보험 240쪽

증권거래소	株式取引所	카부시키토리히키죠
증권중개인	株式仲買人	카부시키나카가이닝
주주	株主	카부누시
주식 / 증권	株式 / 証券	카부시키 / 쇼-켄
배당금	配当金	하이토-킹

305

선물거래	先物取引 (さきものとりひき)	사키모노토리히키
주가지수	株価指数 (かぶかしすう)	카부카시스-
장기채권	長期債券 (ちょうきさいけん)	쵸-키사이켄
보험계약자	保險契約者 (ほけんけいやくしゃ)	호켄케야쿠샤
보험회사	保險会社 (ほけんがいしゃ)	호켄가이샤
보험설계사	保險外交員 (ほけんがいこういん)	호켄가이코-잉
보험에 들다	保險に入る (ほけんにはいる)	호켄니하이루
보험증서	保險証書 (ほけんしょうしょ)	호켕쇼-쇼
보험약관	保險約款 (ほけんやっかん)	호켕약칸
보험료	保險料 (ほけんりょう)	호켄료-
보상금	報償金 (ほうしょうきん)	호-쇼-킹
피보험자	被保險者 (ひほけんしゃ)	히호켄샤

관련단어 241쪽

보증양도증서	保証讓渡証書 (ほしょうじょうとしょうしょ)	호쇼-죠-토쇼-쇼
파생상품	派生商品 (はせいしょうひん)	하세이쇼-힝
보험해약	保險解約 (ほけんかいやく)	호켄가이야쿠
보험금	保險金 (ほけんきん)	호켄킹
투자자	投資家 (とうしか)	토우시카
투자신탁	投資信託 (とうししんたく)	토우시신타쿠
자산유동화	資産流動化 (しさんりゅうどうか)	시산료-도우카
유상증자	有償增資 (ゆうしょうぞうし)	유-쇼-조-시
무상증자	無償增資 (むしょうぞうし)	무쇼-조-시

주식액면가	株式額面価 (かぶしきがくめんか)	카부시키가쿠멘카
기관투자가	機關投資家 (きかんとうしか)	키칸토-시카

Chapter 04. 무역 242쪽

물물교환	物物交換 (ぶつぶつこうかん)	부츠부츠코-칸
구매자, 바이어	購買者 / バイヤー (こうばいしゃ)	코-바이샤 / 바이야-
클레임	クレーム	쿠레-무
덤핑	ダンピング	단핀구
수출	輸出 (ゆしゅつ)	유슈츠
수입	輸入 (ゆにゅう)	유뉴-
선적	船籍 (せんせき)	센세키
무역보복	貿易報復 (ぼうえきほうふく)	보-에키호-후쿠
주문서	注文書 (ちゅうもんしょ)	츄-몬쇼
LC신용장	LC信用状 (しんようじょう)	엘씨 신요-쵸-
관세	關税 (かんぜい)	칸제이
부가(가치)세	付加税 (ふかぜい)	후카제이
세관	税關 (ぜいかん)	제이칸
포워더(세관중개인)	フォワーダー	효와-다-
보세구역	保税地域 (ほぜいちいき)	호제이치이키

관련단어 243쪽

박리다매	薄利多売 (はくりたばい)	하쿠리다바이
컨테이너	コンテナ	콘테나

무역회사	貿易会社	보우에키카이샤
입찰	入札	뉴―사츠
패킹리스트	パッキングリスト	팟킨구리스토
인보이스	インボイス	인보이스

Chapter 05. 은행 244쪽

신용장	信用状	신요―죠―
주택담보대출	住宅担保貸し出し	쥬―타구탄포카시다시
이자	利子	리시
대출	貸し出し	카시다시
입금	入金	뉴―킨
출금	出金	슛킨
통장	通帳	츠―쵸―
송금	送金	소―킨
현금인출기	現金支払い機	겐킨시하라이키
수표	小切手	코깃테
온라인송금	オンライン送金	온라인소―킨
외화송금	外貨送金	가이카소―킨
환전	両替	료―가에
신용등급	信用格付け	신요―카쿠즈케

관련단어 245쪽

매매기준율	売買基準率	바이바이키쥰리츠
송금환율	送金為替	소우킨가와세
현찰살 때 환율	現金買い入れレート	겐킹카이이레레―토
현찰팔 때 환율	現金売り渡しレート	겐킹우리와타시레―토
신용카드	クレジットカード	쿠레줏토카―도
상환	償還	쇼―칸
연체	延滞	엔타이
고금리	高金利	코―킹리
저금리	低金利	테이킹리
담보	担保	탄포
주택저당증권	モーゲージ	모―게―지
채권	債券	사이켄
계좌	口座	코우자
적금	積金	츠미킹

100가지 상황에서 자주 쓰는
내맘대로 일본어 독학 첫걸음
이원준 저 | 188*257mm | 340쪽
15,000원(mp3 파일 무료 제공)

무조건 따라하면 통하는
일상생활 일본 여행회화 365
이원준 저 | 128*188mm | 368쪽
14,000원(mp3 파일 무료 제공)

아주 쉽게 따라하는
잼잼 쉬운 일본어 첫걸음
FL4U컨텐츠 저 | 170*233mm | 308쪽
15,000원(mp3 파일 무료 제공)

무조건 따라하면 통하는
일상생활 일본어 회화 급상승
이원준 엮음 | 148*210mm | 328쪽
15,000원(mp3 파일 무료 제공)